Bernard Nuss · Das Faust-Syndrom

Bernard Nuss

Das Faust-Syndrom

Ein Versuch über die
Mentalität der Deutschen

1993

BOUVIER VERLAG · BONN BERLIN

Übersetzt aus dem Französischen von Elisabeth Lange

Die Deutsche Bibliothek – CIP-Einheitsaufnahme

Nuss, Bernard:
Das Faustsyndrom : ein Essay über die Mentalität der Deutschen / Bernard Nuss. – Bonn ; Berlin : Bouvier, 1992
ISBN 3-416-02372-2

 Satz: Computersatz Bonn GmbH Bonn, Druck und Einband: Druckerei Plump KG, Rheinbreitbach.
Umschlaggestaltung: Michael Fischer, Köln

Inhalt

Der Deutsche, er weiß nicht, was ihm lieber ist, Himmel oder Hölle.

Robert Musil

Die Ausländer stehen erstaunt und angezogen vor den Rätseln, die ihnen die Widerspruchs-Natur im Grunde der deutschen Seele aufgibt.

Friedrich Nietzsche

Einleitung

Die drei Ebenen

Der Deutsche lebt gleichzeitig im Himmel, auf Erden und in der Hölle. Das macht seine Tragik und zugleich seine Größe aus.

Ständig zwischen dem Absoluten und dem Banalen schwankend, das Abstrakte liebend und zugleich dem Realen zugetan, hin- und hergerissen zwischen einer bis zur Selbstaufgabe getriebenen Großzügigkeit und unbeherrschbaren Begierden, findet der Deutsche immer nur einen Seelenfrieden auf Zeit. Obwohl er am Leben leidet, ist er erfolgreich, wo andere scheitern, bahnt neue Wege, beherrscht die Materie und das Denken. Aber unausweichlich ziehen geheimnisvolle Kräfte ihn erneut in dunkle Gefilde, wo er sich mit komplizierten existentiellen Problemen herumschlägt.

Die Deutschen entziehen sich Definitionen und trotzen den Klassifizierungen der Psychologen. Sie stellen die anderen vor ein Rätsel, verführen oder stoßen ab, je nachdem. Manchmal scheinen sie apathisch zu sein, kurz danach stürzen sie sich ungestüm auf die merkwürdigsten Ziele. Immer wenn ihr Seelenzustand sich verändert, wenn sie von einer unbestimmbaren Sehnsucht und einer seltsamen inneren Notwendigkeit getrieben werden, gerät die Welt aus den Fugen. „Dann", schreibt Gibbon, „sucht ihre matte, von der eigenen Schwerfälligkeit erdrückte Seele, begierig nach neuen Sinneseindrücken, nach einem Objekt, das in der Lage ist, ihr neue Impulse zu geben". Wenn die Welt den Deutschen so mißtrauisch gegenübersteht, so vor allem, weil andere Völker häufig gegen ihren Willen bei dieser Suche mitgerissen werden und deren Folgen ausbaden müssen.

Jeder hat eine andere Vorstellung von den Deutschen, und niemand kann sich rühmen, sie wirklich zu kennen. Aber versucht man überhaupt, sie zu verstehen? Die deutsche Seele ist nicht jener verschwommene Mythos, von dem alle Welt spricht, und den niemand so richtig zu definieren vermag. Sie führt im Gegenteil eine ganz reale Existenz, tritt im Verhalten der Deutschen in Erscheinung und wird ständig in ihren Reaktionen transparent.

Die deutsche Seele, das ist zunächst eine unbefangene, manchmal sogar naive Lebensanschauung. Die Deutschen neigen dazu, alles wörtlich zu nehmen, und denken nicht spontan in einem übertragenen Sinne. Da es ihnen schwer fällt, Distanz zu sich selbst zu gewinnen, sind sie psychologisch sehr verletzlich und leben häufig in dem Gefühl, getäuscht worden zu sein.

Die deutsche Seele, das ist auch ein sehr direkter Zugang zu den großen metaphysischen Fragen. Selbst der einfache Deutsche lebt selten oberflächlich. Er sucht das Warum und Wie der Dinge. Er grübelt und zweifelt, und bevor er handelt, wälzt er das Problem, mit dem er sich konfrontiert sieht, hin und her. Sein Bestreben, die Realität zu erfassen, ist daher ein düsteres und mit Schmerzen verbundenes Unterfangen.

Die deutsche Seele, das ist schließlich auch ein unstillbares Verlangen, anderswo zu sein. Für einen Deutschen sind das Hier und Jetzt nicht wirkliche Quellen des Glücks. Dieses ist für ihn irgendwo jenseits des Horizonts angesiedelt, und man muß es daher an anderen Orten oder zu anderen Zeiten – sei es in der Vergangenheit oder in der Zukunft – suchen. Aber je mehr man das Glück zu ergreifen versucht, desto stärker entzieht es sich, und niemals wird der Mensch es sein eigen nennen.

Wenn man den Deutschen und ihrem Werden so viele Studien widmet, dann liegt das im wesentlichen daran, daß andere Völker ihnen ziemlich ratlos gegenüberstehen. Man sieht, daß sie sich in der Irrationalität verlieren, aber gleichzeitig erstaunliche Erfolge auf praktischen Gebieten vorweisen können. Man glaubt, sie seien mit ihren ewigen Seelennöten beschäftigt, während sie in Wirklichkeit mit beiden Füßen im harten Geschäftsleben stehen und große Leistungen in der Industrie vollbringen. In diesem Land der Träumer funktioniert alles, und zwar ziemlich gut.

Wie sind die Deutschen mit der ihnen zugeschriebenen unpräzisen Denkweise imstande, ihre Unternehmen so gut zu führen? Warum sind die deutschen Erzeugnisse solide und die Maschinen zuverlässig? Warum werden die Lieferfristen immer eingehalten, und warum ist der Kundendienst so wirksam? Warum sind die Leute in den Verwaltungen nie mit Arbeit überhäuft? Warum sind die Straßen so sauber, die Häuser stets neu verputzt, die Landschaften wie geleckt? Warum rufen selbst bedeutende und mithin sehr beschäftigte Menschen immer zurück, wenn man versucht hat, sie telefonisch zu erreichen? Warum fahren selbst Führungskräfte auf höchster Ebene mehrmals im Jahr in Urlaub? Warum wird in Deutschland weniger als in vielen anderen Ländern gearbeitet und trotzdem mehr und besser produziert? Kurz: wie schaffen sie das, wo liegt das Geheimnis?

Die Deutschen, die den Anforderungen des Lebens hilflos ausgesetzt zu sein scheinen, sind in Wirklichkeit gut gerüstet, um ihnen die Stirn zu bieten, und ihre Mentalität paßt sich den Bedürfnissen der modernen Welt perfekt an. Der Erfolg im praktischen Bereich läßt sich im allgemeinen nicht allein mit Intelligenz, Scharfsinn oder Urteilsvermögen erklären. Andere Faktoren kommen hinzu, sehr viel subtilere und geheimnisvollere, die davon abhängen, wie man auf Hindernisse reagiert, wie man Rückschläge wegsteckt, wie man Aufgaben organisiert, Anstrengungen dosiert und sich auf neue Gegebenheiten einstellt. Und gerade auf diesen Gebieten leisten die Deutschen Außerordentliches.

Die kollektive Mentalität eines Volkes ist die Summe der Verhaltensweisen, Gewohnheiten, Denkmuster und Glaubenssätze der Individuen, aus denen es besteht. Jeder Deutsche trägt daher durch sein Verhalten dazu bei, diesen Nationalcharakter zu prägen. Dieser wiederum hat die Deutschen im Laufe der Jahrhunderte durch unaufhörlichen Druck und ständiges Durchkneten mittels tausender historischer, semantischer, sozialer, familiärer und kultureller Komponenten geformt und befruchtet.

Der Deutsche lebt *beständig und gleichzeitig* auf drei Ebenen. Das macht die Besonderheit seiner Mentalität aus und erklärt sein gesamtes Verhalten.

Zunächst die gehobene Ebene. Das ist der Himmel, der Bereich des Traums, der Reinheit, der übersinnlichen Freuden, das ist das Reich der unendlichen Güte und der perfekten moralischen Ordnung. Den Gegenpol bildet die niedere Ebene, die Hölle, die man in sich trägt oder die man in den anderen erkennt, das Reich der Instinkte, der düstere Abgrund des Unbewußten, der Triumph der Maßlosigkeit. Und zwischen beiden liegt die praktische Ebene, die Erde mit ihren Realitäten, der Körper mit seiner Lust und seinen Bedürfnissen, das feste und beruhigende Spielfeld des Handelns, auf dem die Leistung Königin ist.

Die praktische Ebene genießt einen doppelten Vorteil. Sie entlehnt der gehobenen Ebene die Großzügigkeit und die Phantasie sowie den Sinn für Pflicht und geistige Disziplin und macht sie sich zu eigen. Aus der niederen Ebene bezieht sie die primitive Energie, eine gewisse Härte und schöpferische Unruhe. Da sie auf diese Weise von oben und unten befruchtet wird, kann sie alle ihre Eigenschaften voll entfalten.

Die Leichtigkeit, mit der sich die Deutschen auf dieser praktischen Ebene bewegen, erklärt ihre traditionellen kaufmännischen Qualitäten sowie ihren Erfolg in der Industrie. Die Vertrautheit im Umgang mit abstrakten und metaphysischen Fragen macht ihre geistige Größe aus. Die Passivität, um nicht zu sagen die begierige Bereitwilligkeit, mit der sie sich dunklen Trieben unterwerfen, erklärt die Übergriffe, zu denen sie fähig sind, und ihre manchmal spektakulären Mißerfolge.

Die Deutschen, die zwischen diesen drei Ebenen hin- und hergerissen werden, kommen selten zur Ruhe. Die Widersprüche in ihrem Verhalten ergeben sich aus einer inneren Verwirrung, die selbst ein Spiegelbild des historischen, religiösen und politischen Chaos ist, in dem sie schon so lange leben. Das Fehlen fester Bezugspunkte verbunden mit der Angst vor dem Verlust der wenigen Maßstäbe, die sie sich im Laufe der Jahrhunderte mühsam zurechtgezimmert haben, macht sie unberechenbar, mißtrauisch, unruhig und ängstlich. Ohne ihre ungewöhnliche Vitalität könnten sie den enormen Druck, der ständig auf ihnen lastet, kaum ertragen.

Und dennoch gelingt es ihnen, ihre Energie zu idealisieren, um daraus eine Art „faustische" Kraft zu gewinnen, die auf das Absolute und Erhabene hinwirkt. Aber nirgendwo sind bei ihnen die edlen Gefühle so stark von der Mittelmäßigkeit bedroht wie auf diesem Gebiet, nirgendwo ist die Grenze zwischen Reinheit und Schmutz so durchlässig. Es ist keineswegs so, daß sie sich dieser Gefahr nicht bewußt wären. Da sie sich selbst nur zu gut kennen, haben sie eine ganze Reihe von Schutzmaßnahmen gegen ihre eigenen Schwächen getroffen. Dadurch, daß sie gewisse Prinzipien zur Grundlage ihres Handelns machen, daß sie die Intuition soweit es geht durch Methode ersetzen, daß sie Ordnung, Ernst und Fleiß an den Tag legen, gelingt es ihnen, die Neigungen, die sie in dunkle Gefilde herabziehen, wirksam zu bekämpfen.

Dieser ständige Kampf ist jedoch keine leichte Sache, und niemand kann behaupten, die Deutschen seien ein glückliches Volk. Der Weltschmerz ist ein wichtiges Element ihrer Mentalität. Zweifel nisten sich bei ihnen überall ein, manchmal sogar in den kleinsten Dingen, die Angst macht das kleinste Unternehmen, die geringste Entscheidung mühselig. Ist es unter diesen Umständen verwunderlich, wenn sie sich, um zu vergessen, leidenschaftlich auf das „Allzuirdische" stürzen?

Von welcher Seite man auch auf die Mentalität der Deutschen zugeht, man trifft immer auf diese drei Ebenen. Sie erlauben es, ihre positiven ebenso wie ihre negativen Eigenschaften deutlich zu machen und vor allem zu verstehen, was in ihrem Verhalten so oft Anlaß zu Mißverständnissen und bösartigen Interpretationen gibt. In der Tat ist es leicht, die Deutschen zu verdammen oder sich über sie lustig zu machen, aber sehr schwer, ihre tieferen Beweggründe zu erkennen.

Erster Teil

Das Vermächtnis der Jahrhunderte

Völker haben wie Individuen Charaktereigenschaften, die sie bewahren und wie ein Erbe weitergeben. Die deutschen Besonderheiten gibt es daher seit langem. Ursprünglich verschwommen und kaum wirksam, haben sie sich im Laufe der Zeit langsam herauskristallisiert und schließlich unter dem Einfluß unterschiedlicher Faktoren immer präziser Gestalt angenommen. In den letzten fünf Jahrhunderten ist die Mentalität der Deutschen auf diese Weise einem intensiven Gärungsprozeß ausgesetzt gewesen. Vor allem drei Elemente haben dabei eine entscheidende Rolle gespielt: die endgültige Gestaltung der deutschen Sprache, die Reformation Martin Luthers und die außerordentliche Entwicklung der Philosophie.

Deutschland hat mit seinem unfruchtbaren Boden, seinen dunklen Wäldern und vielen Flüssen, die die Landschaft zerstückeln, lange unter seiner Geographie gelitten. Die Natur scheint alles fast versehentlich angeordnet zu haben, von den herben moorbedeckten und sturmdurchpeitschten Ebenen des Nordens über die zahlreichen Mittelgebirge, die eine Zerstückelung des Bodens und der Volksstämme zur Folge hatten, bis zu den verschneiten Gipfeln des Südens. Ohne natürliche Grenzen und folglich ohne Schutz, leichte Beute für alle Eindringlinge, dem unmittelbaren Zugriff des chaotischen Balkans ausgesetzt, mußte Deutschland allein dem Gewicht der gewaltigen slawischen Massen standhalten, deren Unendlichkeit es zugleich bedrückt und anzieht. Uneinig, von allen Seiten eingezwängt, ohne Fluchtmöglichkeit nach Norden, wo die Meere Einhalt gebieten, nach Süden, wo die Berge den Weg versperren, nach Osten, wo man an zähen Menschenmassen hängen bleibt, oder nach Westen, wo starke Feinde auf der Lauer liegen, gab es für Deutschland nur einen einzigen Ausweg, den Rückzug auf sich selbst.

Die Geschichte hat Deutschland nicht besser behandelt als die Geographie. Sicher, es gab das Kaiserreich, aber dieses bestand aus einem Verbund von Staaten, von denen einer kleiner und zerstückelter war als der andere. Die großen Mächte fanden es bequem, dort ihre Querelen auszutragen, wobei sie das Land immer wieder verwüsteten und dadurch schwächten. Lange Zeit war es das Schicksal Deutschlands, das Schlachtfeld Europas zu sein, Größe und Ruhm hingegen blieben anderen Nationen vorbehalten. Die nationale Einheit, diese höchste Gunst der Geschichte, wurde ihm erst spät zuteil.

Unfähig, sich politisch oder militärisch durchzusetzen, wollten die Deutschen diese Unterlegenheit kompensieren, indem sie sich wenigstens auf der Ebene der allgemeinen menschlichen Eigenschaften Geltung verschafften – besonders in ihren eigenen Augen. Seit dem 18. Jahrhundert findet man in den Schulbüchern unzählige Anspielungen auf den inneren Wert der Deutschen. In dieser Epoche entwickelte sich die Vorstellung, daß Deutschland eine zivilisatorische Mission zu erfüllen habe. Generationen von jungen Deutschen sind auf diese Weise in der Überzeugung groß geworden, im geistigen Bereich gebe es eine natürliche deutsche Überlegenheit, die es zu pflegen und zu entwickeln gelte.

Das Bewußtsein ihres eigenen Werts hat lange ausgereicht, um den kollektiven Stolz der Deutschen zufriedenzustellen. Das hat sie zwar teilweise von der gesamteuropäischen Entwicklung abgeschnitten, vor allem weil es sie hinderte, alle Möglichkeiten der Aufklärung voll auszuschöpfen, aber im Gegenzug konnte so die Eigenheit der deutschen Kultur voll erblühen. Andere Nationen hatten die Welt durch Waffen oder durch Diplomatie erobert, Deutschland wollte dies auf der Ebene der Ideen und geistigen Werte tun.

Die Blütezeit der deutschen Kultur – etwa die Zeit zwischen 1750 und 1850 –, hat einen Fortschritt des menschlichen Geistes bewirkt, wie ihn die moderne Zeit nur selten erlebt hat. In diesem „goldenen Zeitalter“ haben Literatur, Musik und Philosophie die höchsten Gipfel erklommen. Damals fand in der Art und Weise, die Wirklichkeit zu transzendieren, eine grundlegende Veränderung statt, die den Übergang vom Klassizismus zur Moderne im Grunde erst ermöglichte. Die Folge war ein qualitativer Sprung auf wissenschaftlichem und technischem Gebiet, der in entscheidender Weise dazu beigetragen hat, die Welt zu gestalten, in der wir heute noch leben.

1751 erscheint der erste Band des *Messias* von Klopstock, der das traditionelle Bild des Dichters in Deutschland ändern sollte: Er war nicht länger einfacher Unterhalter, sondern wurde zum Seher, der in direktem Kontakt zum übergeordneten Bewußtsein steht. Bis 1856, dem Todesjahr Heines, setzte die deutsche Literatur mit Lessing, Herder, Goethe, Schiller, Lichtenberg, Jean Paul, Novalis, Büchner, Kleist und Hölderlin eine absolut neue Form des Weltverständnisses durch. Im Bereich der Musik hatten Bach und Händel, die 1750 beziehungsweise 1759 starben, eine Bresche zum modernen musikalischen Ausdruck geschlagen, der mit Wagners *Ring der Nibelungen* (1851–1872) seinen Höhepunkt erreichte. Haydn, Mozart, Beethoven, Mendelssohn, Weber, Schubert, Schumann und Wagner haben daraus das beste Instrument zum Ausloten der menschlichen Seele gemacht, das es jemals gab.

Aber die bedeutendste Revolution, die man dem deutschen Genius verdankt, ist zweifellos die völlige Erneuerung des philosophischen Denkens, die sich in dieser Epoche vollzogen hat. Kant, der 1724 geboren wurde, gibt erst 1781 die *Kritik der reinen Vernunft* heraus, die als Ausgangspunkt der gesamten Entwicklung angesehen werden kann. An ihrem Ende steht ein anderes philosophisches Werk, *Zarathustra* von Nietzsche, das 1883 erscheint. Es ist ein Jahrhundert der Umwälzungen, in dem das Prinzip der Freiheit des Menschen und der Vorherrschaft der Vernunft festgeschrieben wird. Kant, Fichte, Schelling, Hegel, Feuerbach, Schopenhauer, Marx und Nietzsche haben die Menschheit von uralten Zwängen erlöst. Aber zugleich haben sie – und das ist ein in deutschen Unternehmungen, bei denen Gut und Böse oft dicht beieinanderliegen, immer wiederkehrendes Paradoxon – den Menschen in ein geistiges Abenteuer gestürzt, das durch eine unglaubliche Perversion zu jenen Ideen geführt hat, aus denen sich die Ideologie des Nationalsozialismus speiste.

Wenn viele Deutsche die Sehnsucht nach dem „goldenen Zeitalter" im Herzen tragen, dann liegt es daran, daß sich ihre Mentalität – so wie wir sie heute sehen – in dieser Periode zwischen 1750 und 1850 endgültig herausgebildet hat. Sie fühlten sich damals, zweifellos mehr als in jeder anderen Periode ihrer Geschichte, in vollkommener Übereinstimmung mit den tiefsten Neigungen ihres Wesens.

Kapitel I

Die Sprache

Die Sprache ist der lautliche Ausdruck des Denkens eines Volkes und nach Stendhal „primäres Instrument seines Genius". Wahrscheinlich bringt jedes Volk seine Konzeption der äußeren Welt in gewisser Weise durch seine Sprache zum Ausdruck. Sie ermöglicht es daher, das Wesen des Sprechenden zu verstehen.

Auf den ersten Blick wirkt die deutsche Sprache, die einen unnützen Wust von Überbleibseln alter Flexionen mit sich herumschleppt, schwerfällig und in ihrer Beweglichkeit eingeschränkt. In Wirklichkeit ist sie reich, biegsam und der wirkungsvollen Darstellung der Ideen und der Realität vorzüglich angepaßt. Gerade diese Fähigkeit, in der Behandlung sowohl abstrakter wie konkreter Themen adäquate Gestaltungsmöglichkeiten zu bieten, macht ihre Originalität aus. Ist sie deswegen, wie Luther behauptet, die „vollkommenste"? Durch ihre Ausdruckskraft und ihre Fähigkeit, das Imaginäre abzubilden, sowie durch ihren Sinn für das Detail und ihr Bemühen um Genauigkeit ist sie auf jeden Fall in der Lage – mehr als andere vielleicht –, eine Vermittlerrolle zwischen der Welt der Anschauung und der Welt der Wissenschaft und Technik einzunehmen.

Das Deutsche ist eine üppige Sprache, da es durch die Fülle seines Vokabulars und die Vielfalt seiner strukturellen Kombinationsmöglichkeiten über beachtliche sprachliche „Mittel" verfügt.

Dank ihrer zahlreichen Präfixe und Suffixe sowie ihrer adjektivischen Suffixe kann sie praktisch unendlich viele neue Adjektive bilden. Vor allem kann sie nach Geschmack und Phantasie des Redners oder Schreibers originelle Worte bilden, indem sie Substantive und Adjektive zusammenfügt. Das Ergebnis ist eine blühende und saftige Sprache mit einem ausgesprochen umfangreichen Register und einer schillernden Klangfarbe. Malblanc[1] bemerkt, daß das Deutsche aus einer sehr eingeschränkten Zahl von Wurzeln einen erstaunlichen Wortschatz aufgebaut hat, vor allem aber ein sehr reichhaltiges abstraktes Vokabular; die mehrschichtigen Konstruktionen – Arbeit, arbeitslos, Arbeitslosigkeit, Arbeitslosigkeitsbekämpfung –, spielen dabei eine bedeutende Rolle. Die Anpassungsfähigkeit der deutschen Sprache ist verblüffend. Die sehr freie Satzkonstruktion erlaubt es in der Tat, die Worte so zu stellen, daß entweder dieser oder jener Aspekt der Argumentation hervorgehoben wird. Die Gliederung des Gedankens wird dadurch erheblich erleichtert.

Das Bemühen um Präzision, das jede deutsche Unternehmung kennzeichnet, hat seine Wurzeln in der Sprache selbst. Da, wo das Französische einfach sagt „entrer", präzisiert das Deutsche die Art, wie dies geschieht: hineinfahren, hineingehen, hineinschwimmen, hineinreiten usw. So weit wie möglich stützt man sich dabei auf das Wirkliche und zögert nicht, ein Höchstmaß an Details anzugeben. „Pain frais" wird auf diese Weise im Deutschen zu „frisch gebackenem Brot". In der analytischen Sprache ist es nicht der Kontext, sondern das Wort selbst, das durch Form und Inhalt den Gedanken, den es auszudrücken gilt, präzisiert (für „un homme gai" würde man im Deutschen „ein lebenslustiger Mensch" sagen). Dieses Bedürfnis, bis auf den Grund der Dinge vorzustoßen, oder wie Malblanc sagt, bis zum i-Tüpfelchen genau zu sein, kommt im ständigen Gebrauch von Adverbien und Konjunktionen zum Ausdruck.

Die deutschen Sätze sind gespickt mit Wörtern wie *auch, aber, nur, schon, da, wirklich, also* usw., die die Sprache sehr expressiv machen.

Da das Deutsche über mehr Bilder und Wortsignale verfügt

[1] Dieses Kapitel beruht im wesentlichen auf dem bemerkenswerten Werk von Alfred Malblanc zur vergleichenden Stilistik des Französischen und Deutschen.

als die meisten anderen Sprachen, ist es dem Wirklichen näher und vermag mit ihm einen unmittelbaren Kontakt zu wahren. Das Deutsche „urteilt a posteriori" (Malblanc), d. h., es geht über die Darstellung der Fakten zu den Ideen. Auf diese Weise vermittelt es immer wieder zwischen dem Konkreten und dem Abstrakten.

Als ursprüngliche und nicht, wie das Französische, abgeleitete Sprache lebt das Deutsche wesentlich durch die Sinne: es beobachtet, berührt, lauscht, schnuppert, kostet, berauscht sich an Formen und Farben, ist erdverbunden, orientiert sich an der Wärme oder flieht die Kälte, folgt den Gerüchen – kurz, es bringt erst Erscheinungen und dann Ideen zum Ausdruck. Mit einer Fülle von Verben leuchtet es alle Winkel der Realität aus, und durch die Leichtigkeit, mit der es diese substantivieren kann, klebt es noch mehr am Konkreten und reproduziert es bis ins kleinste Detail.

Wie erklärt es sich dann aber, daß das Deutsche so hoch in die Sphäre der Abstraktion vorstoßen kann? Ganz einfach, weil man auf der Basis eines ursprünglich rein konkreten Vokabulars durch Ableitungen und Zusammensetzungen zu einer reichen Ausbeute von abstrakten Wörtern kommen kann. In der Tat ergibt sich die Abstraktionsfähigkeit des Deutschen vor allem aus dem üblichen Verfahren der Substantivierung der Verben (die Malblanc „die erste Stufe des Abstrakten" nennt) und den zahlreichen Adjektiven sowie den adjektivischen Zusammensetzungen (was wäre die Sprache der deutschen Philosophie ohne das Präfix „un-" und das Suffix „-los"!). Sicher ist aber, daß sich das Deutsche auch in der Abstraktion nie völlig vom Konkreten löst.

Das in dieser Weise an das Reale gebundene Deutsche versucht, dessen verschlungene Wege zu reproduzieren. Es ist daher eine Sprache, in der die Aktion in erstaunlicher Weise Ausdruck findet: sie bemüht sich, nicht den statischen Aspekt einer Situation, sondern ihr Werden zu beschreiben. Einer der Grundzüge der deutschen Mentalität – nämlich die Unfähigkeit stillzuhalten, das im tiefsten Inneren sitzende Bedürfnis immer weiter voranzukommen – bildet sich somit in der Sprache ab und wird gleichzeitig durch sie verstärkt.

Die Substantivierung erlaubt dem Deutschen, „im Hauptwort sein reiches Arsenal an konkreten Verben mit dem Sinn des Werdens zusammenzubringen“ (Malblanc). Auch durch die Art und Weise, wie das nahe Futur verwendet wird, ist die Sprache eng mit dem Werden verknüpft. Da das Tempussystem im Deutschen sehr arm ist, hängt es vom Kontext ab, welche zeitliche Dimension gerade angesprochen wird. Nun sehen die Deutschen in der Zeit vor allem das Werden, das heißt das Zukünftige, das aus dem Gegenwärtigen hervorgeht. Dementsprechend drücken sie mit einem Präsens, dem des Hilfsverbs „werden“, das Futur aus. Nach Ansicht Malblancs handelt es sich dabei um eine sinnliche Konzeption der Zeit, in der „das Aufeinanderfolgen der Tage und Nächte, die Abfolge der Ereignisse, die sich darin niederschlägt“, unmittelbar sichtbar wird.

Im Gegensatz zu dem, was man gemeinhin denkt, versucht die deutsche Sprache, Verschwommenheit zu vermeiden. Sie bedarf der Präzisierungen und weist jedem Faktum seinen Platz in einem genau festgelegten Rahmen zu. Daher geht der Argumentation immer eine sehr genaue Vorstellung voraus. Daraus ergibt sich, daß das Deutsche viel Konzentration und eine ständige intellektuelle Anstrengung erfordert. Das macht die Sprache kraftvoll und spannungsreich. Erst am Ende des Satzes und nachdem man mehrere Fakten zur Kenntnis nehmen oder sogar miteinander verbinden mußte, kann man sich wirklich eine Meinung bilden. Die Urteilsfindung bleibt im Laufe der Äußerung offen, riskiert manchmal, sich auf eine falsche Fährte einzulassen oder in eine Sackgasse zu münden, kommt plötzlich zurück auf den richtigen Weg und ist erst am Schluß sicher und definitiv. Das Deutsche ist eine Sprache für vorsichtige und bedächtige Leute, die erst nach langer und sorgfältiger Analyse aller Elemente des Problems zu einer Schlußfolgerung oder Entscheidung kommen.

Es gibt allerdings einen Bereich, in dem das Deutsche unglaublich verschwommen sein kann: das ist der des reinen Gefühls. Man gelangt hier in ein geheimnisvolles Gebiet, in dem die Vermittlung von Ideen und Empfindungen sich nach Gesetzmäßigkeiten vollzieht, die für Nicht-Deutsche prinzipiell undurchschaubar bleiben. Eine vage Floskel reicht, um sehr verwickelte Empfindungen zum Ausdruck zu bringen. Die Kommunikation kommt wie durch Verzauberung zustande – dank der magischen Wirkung bestimmter Worte, die für die Deutschen eine Welt heraufbeschwören, die das eigentliche Wesen des Seins betrifft. Man muß sie nur aussprechen, um bei seinem Gesprächspartner Verständnis oder Mitgefühl, auf jeden Fall aber ein inniges Einverständnis zu erzielen. Sie rufen Seelenzustände oder Stimmungen, Wertvorstellungen oder Gefühlsregungen wach (z. B. *das Gemüt, das Streben, sich sehnen* und *Sehnsucht, Gründlichkeit, erbaulich, Gemütlichkeit, Heimweh, bieder, treuherzig, Redlichkeit, Grübeln, Idylle, Traulichkeit, das Erhabene, die Brust, schwärmen, Innerlichkeit, Ursprünglichkeit*). Da sie von großer emotionaler Bedeutung sind, ist der Kontext für sie praktisch ohne Belang, und nur in einem bescheidenen Maße bedarf es ihrer Einordnung in den grammatikalischen und stilistischen Zusammenhang. Es sind zumeist mehr oder weniger unübersetzbare und für Fremde häufig überhaupt nicht verständliche Wörter, da sie ein ganz besonderes kulturelles und sentimentales Hintergrundwissen voraussetzen. Selbst wenn man komplizierte Umschreibungen benutzt, ist es schwierig, ihren tieferen Sinn in eine andere Sprache zu übertragen. Durch solche sprachlichen Eigentümlichkeiten werden die Deutschen sozusagen von den anderen Völkern abgesondert, ohne daß dies jedoch von ihnen als Nachteil oder Mangel empfunden würde.

Kapitel II

Der Protestantismus

Die Deutschen sind ein tief religiöses Volk, allerdings aus Gründen, die aus der Sicht der Theologie nicht einer gewissen Zweideutigkeit entbehren. Ihr Glaube steht nicht zur Debatte, im Gegenteil. Aber das Seelenheil scheint nicht immer die Hauptsorge der deutschen Gläubigen zu sein. Sie suchen eifrig Antworten auf konkrete Probleme, eine geistige Hilfe bei ihrer Suche nach dem Absoluten oder einen sentimentalen Trost für ihren Weltschmerz. In manchen Punkten ist ihre Religion vor allem Religiosität, was deren Ausübung einfacher, aber zugleich auch schwieriger macht. Gleichzeitig sind die Deutschen bei der Ausübung ihrer Religion keineswegs passiv. Sie reflektieren, analysieren und interpretieren sie, und setzen sie gegebenenfalls auf die Anklagebank. Nicht von ungefähr war Luther Deutscher und ist die Reformation das größte Abenteuer, das die Deutschen je unternommen haben. Die Romanen haben ein leidenschaftliches Verhältnis zur Religion, bei den Deutschen hingegen sind es Beziehungen, die sich auf den Intellekt gründen.

„Gläubig zu sein", selbst wenn man kein praktizierender Gläubiger ist, selbst wenn der Glaube nicht sehr stark ausgeprägt ist, wird als Normalzustand, „keiner Religionsgemeinschaft anzugehören" eher als ungewöhnliche Situation empfunden. Es gibt in Deutschland keinen militanten Atheismus. Die Atheisten oder Agnostiker hängen ihre Überzeugungen nur selten an die große Glocke, denn sie werden von den meisten ihrer Mitbürger wie Sonderlinge betrachtet, die man kaum noch für normal halten kann.

Ebenso tief durchsetzt die Religion das öffentliche Leben der Deutschen. Repräsentanten der Kirchen nehmen an zahlreichen offiziellen Veranstaltungen teil. Man findet sie in nahezu allen paritätisch besetzten Verbänden, so zum Beispiel in den

Verwaltungsgremien der Rundfunk- und Fernsehanstalten. Niemand in Deutschland findet es erstaunlich, daß ein Geistlicher zum Intendanten einer großen Fernsehanstalt gewählt wird. Die Politiker, welchen Ranges und welcher Couleur auch immer, zögern nicht, ihren Glauben zur Schau zu stellen, und sind oft in religiösen Vereinigungen tätig. Einer der geschätztesten Gesprächspartner von Industriellen und Politikern in Bonn ist ein Dominikanerpater aus Walberberg.

Die Religion ist bei den Deutschen eindeutig in das tägliche Leben integriert. In einem osmotischen Prozeß beeinflussen sie sich gegenseitig, die Religion, indem sie auf die Wirklichkeit zugeht und deshalb die Menschen weniger einengt, der Alltag, indem er von der Geistigkeit stärker durchdrungen und auf diese Weise ernster wird. Die moderne Lebenswelt der Deutschen, die im 17. und 18. Jahrhundert entstanden ist, wurde grundlegend durch die Theologie geprägt, deren Argumentationsweise und Gedankenwelt in ihr ihre Spuren hinterließen. Unter den angesehensten Repräsentanten des deutschen „goldenen Zeitalters“ gibt es viele Pfarrerssöhne oder ehemalige Theologiestudenten. Wissenschaft und Gewissen vertrugen sich damals recht gut und gaben den Strukturen der deutschen Mentalität gemeinsam Gestalt. In Frankreich vollzog sich spätestens zum Zeitpunkt der Revolution eine brutale Trennung zwischen profaner und religiöser Welt. In den angelsächsischen Ländern haben die beiden es geschafft, zu einer Form des Nebeneinander ohne wesentliche Interferenzen zu kommen. In Deutschland hingegen sind sie bis in unsere Tage innig vereint geblieben. Das ist die berühmte *Weltfrömmigkeit* der Deutschen, dank derer, wie Thomas Nipperdey bemerkt, Familie, Arbeit, Kultur, Staat und Kunst mit der göttlichen Realität verbunden bleiben.

Der Protestantismus spielt in dieser Hinsicht eine ganz wesentliche Rolle. Er hat den Katholizismus buchstäblich mitgerissen, ihn gezwungen, sich sein intellektuelles Vorgehen sowie seine sozialen Forderungen zu eigen zu machen. Abgesehen von einigen kleinen Nuancierungen gelingt es dem Katholizismus ebenso gut wie dem Protestantismus, der Religiosität der Deutschen adäquate Ausdrucksmöglichkeiten zu geben. Aber die Identifikation mit dem protestantischen Glauben ist für die Deutschen zweifellos leichter, weil er ihr Werden stärker beeinflußt hat.

Als Martin Luther am 31. Oktober 1517 seine 95 Thesen an das Portal der Kirche des Wittenberger Schlosses anschlug, war er weit davon entfernt zu ahnen, daß er soeben eines der wichtigsten Fundamente der modernen Welt errichtet hatte. Das, was die Menschheit revolutionieren würde, war für ihn zunächst nur ein einfacher Protest gegen die Exzesse und die Korruption in Rom. Luther hatte das Glück, über ein neues „Medium" verfügen zu können, das ein anderer Deutscher, Gutenberg, kurze Zeit zuvor erfunden hatte und dank dessen die Menschheit einen spektakulären Sprung nach vorn machen konnte. Weder die rasche Verbreitung der Ideen Luthers, noch die Errichtung des zentralen Stützpfeilers des neuen Glaubensbekenntnisses – die persönliche Lektüre der Bibel – wären in der Tat ohne die Buchdruckerkunst möglich gewesen.

Luther machte sich sehr bald an eine Übersetzung der Bibel ins Deutsche. Das neue Testament erschien 1522, das gesamte Werk wurde 1534 abgeschlossen. Von nun an hatte der Gläubige keinen Vermittler mehr nötig, um Zugang zur göttlichen Botschaft zu bekommen, er konnte lesen und sich *ein eigenständiges Urteil bilden.* Man kann sich heute kaum die Erschütterung vorstellen, die diese Neuerung in den Köpfen bewirkte, und die Erregung, die sie in der traditionellen kirchlichen Hierarchie hervorrief. Letztere verlor von einem Tag zum anderen ihre filternde Rolle als Vermittler zwischen Gott und Mensch. Zum ersten Mal fühlten sich die Gläubigen wie Erwachsene behandelt, die fähig waren, ganz allein über ihr geistiges Leben zu entscheiden. In jenen Tagen war dies eine ungeheure Kühnheit, die den Keim für einen anderen Fortschritt in sich trug: dadurch, daß er las und selbst urteilte, lernte der Gläubige, *eigenständig zu denken.* Durch die dabei erforderlichen Interpretationsmethoden brachte das Studium der Bibel

Fähigkeiten zu Analyse und Reflexion zur Entfaltung, die die Leser ebensogut auf anderen Gebieten gebrauchen konnten. Ohne es zu wissen und sicher auch ohne es zu wollen, wurde der Protestantismus in dieser Zeit für „den Mann auf der Straße“ ein Mittel, seine Intelligenz herauszubilden und zu entwickeln.

Dank dieser neuen Öffnung des Geistes fühlten sich die Menschen auf der ethischen Ebene wirklich verantwortlich für ihr individuelles Schicksal und konnten, wenn sie ihr Seelenheil absichern wollten, selbst etwas unternehmen, anstatt sich auf die Fürsprache des Geistlichen zu verlassen. Das Prinzip der Freiheit, das sich daraus ergab, hat von nun an das Bewußtsein des Abendländers geprägt und ihn teilweise von dem normativen Plunder befreit, der bislang den größten Teil seiner Handlungen hemmte.

Da der Protestantismus sich als Quelle der Vitalität erweist und eher zur Aktion anregt, als intellektuellen Zwang auferlegt, unterstreicht er in seiner praktischen sozialen und erzieherischen Arbeit die Unabhängigkeit des Geistes und das Prinzip des Gedankenaustauschs. Er ermutigt so zu Forschung und Experiment. Die katholische Religion ist hauptsächlich auf den künstlerischen Ausdruck und die sinnliche Erfahrung der Wahrheit ausgerichtet – was sich beispielsweise in der Erhabenheit der Kathedralen und in der reichen Ornamentik zeigt. Der Blick wird auf Kosten des Gehörs favorisiert. Im Protestantismus ist genau das Gegenteil festzustellen. Dort sind es nicht die Augen, sondern die Ohren, durch die man den Zugang zur göttlichen Botschaft finden muß. Das Gotteshaus ist schmucklos und nüchtern. Im religiösen Gesang zählt weniger die Harmonie als das Wort. Der Gottesdienst bedarf daher einer nicht nachlassenden intellektuellen Anspannung und einer gleichbleibenden Aufmerksamkeit. Wenn der Gläubige zerstreut ist, und sei es nur einen Augenblick, verliert er während der Ansprache den Faden, und damit entgeht ihm der Sinn der Botschaft. „Luthers Kirche ist nicht mehr Kirche des Auges – des anschaulich-sinnlichen – sondern des Wortes, des Ohres. Der Wortgottesdienst forderte Anstrengung, trainierte das Zuhören, die intellektuelle Regsamkeit", schreibt Thomas Nipperdey.

Für den Protestanten ist der beste Beweis seiner Religiosität letztlich die Ausübung seines Berufs. Die gewissenhafte Erledigung der täglichen Aufgaben wird als eine Art Opfergabe an Gott und gleichzeitig als Bestätigung des eigenen Wertes betrachtet. Die Arbeit verliert ihren Ruch als Strafe für die Erbsünde und wird zum idealen Weg, seine Pflichten auf Erden zu erfüllen und damit Gott zu gefallen. Im Protestantismus besteht die größte Chance, zur ewigen Glückseligkeit zu gelangen, nicht darin, daß man die Welt verachtet oder flieht, sondern im Gegenteil darin, daß man sich mit all seinen Kräften für sie einsetzt. Das Handeln ersetzt die Kontemplation als höchste Form des Glaubens.

Der protestantische Glaube hat sich nie mit komplizierten Verwaltungsstrukturen belasten wollen. Während er sich mit einem Minimum an öffentlicher Organisation begnügt, fordert er andererseits von den Gläubigen eine rege und beständige Teilnahme am Leben und an den Aktivitäten der Gemeinde. Das Individuum nimmt der religiösen Autorität gegenüber eine sehr viel weniger ehrerbietige Haltung an als im Katholizismus, da die Kirche ja nicht als Institution gilt, die im Vollbesitz der Wahrheit ist (die findet sich nur in der Bibel), und sie folglich Verfehlungen auch nicht wirklich bestrafen kann. Es liegt im Wesen des Protestantismus, daß er jede Form des Dirigismus und Zentralismus wenn nicht ablehnt, so ihnen doch zumindest mißtraut. Gleichwohl wird die Macht als solche akzeptiert, da Gott durch sie die weltlichen Angelegenheiten lenkt. Dadurch, daß staatliche Autoritäten die öffentliche Ordnung aufrechterhalten, vermeiden sie, daß die Welt im Chaos versinkt – was dem göttlichen Willen zuwiderliefe. Die von den Trägern der Macht auferlegten Zwänge sind daher notwendig, und die Gläubigen, die auch Bürger sind, müssen sich ihnen unterwerfen. Es ist erlaubt, das Gesetz zu reformieren, wenn es schlecht ist, oder gegen Mißstände anzugehen, die es verursacht, aber auf keinen Fall darf man sich gegen es auflehnen.

Die Reformation war ein bedeutender Abschnitt in der Geschichte der Menschheit. Sie hat in entscheidender Weise zur Erringung und dann zur Verteidigung der religiösen und politischen Freiheiten beigetragen. Ohne den Protestantismus hätte die moderne Welt sich nicht so entwickeln können, wie sie es getan hat. Darüber hinaus hat er eine wesentliche Rolle im langsamen Reifungsprozeß der Mentalität der Deutschen gespielt.

In der zweiten Hälfte des 17. Jahrhunderts tauchte Deutschland allmählich wieder aus dem Abgrund auf, in den es durch den Dreißigjährigen Krieg gestürzt war. Auf religiösem Gebiet gab es eigentlich weder Sieger noch Besiegte, da sich von nun an die beiden Konfessionen mehr oder weniger die Gunst der Bevölkerung teilten. Das Trauma des Bruderkrieges verlor nach und nach an Bedeutung. Aber es war die neue Konfession, daß heißt die jüngere, vitalere, die eine größere Anziehungskraft auf das Denken und die Einstellung zum Leben ausübte. Deshalb wurde das Wiederaufblühen des intellektuellen Lebens größtenteils durch den lutherischen Geist inspiriert. Die nationale Kultur der Deutschen, die zur selben Zeit entstand, und die moralische Erneuerung, welche die deutsche Seele so stark geprägt hat, sind ebenfalls beide aus dem protestantischen Fundus hervorgegangen.

Die Modernisierung Deutschlands, die in dieser Epoche eingesetzt hat, ist im wesentlichen von den protestantischen Bevölkerungsteilen in die Wege geleitet worden, die in Wissenschaft, Technik und Industrie proportional sehr viel stärker repräsentiert waren als die Katholiken. Schon im 18. Jahrhundert betrachteten Autoren wie Johann Adam von Ickstatt oder Johann Georg Krünitz die Protestanten als Muster an Kreativität und Arbeitswilligkeit und betonten mit Nachdruck deren Rolle bei der wirtschaftlichen Erneuerung des Landes. „Eine vernünftige Freiheit zu denken, die in solchen eifrig katholischen Staaten gleichfalls gar sehr mangelt, trägt natürlicher

Weise zur Bildung des Genies der Nation nicht weniger bei. Ein Gemüt, welches sich niemals nach seiner eigenen Überlegung zu denken unterstehen darf, noch die Fähigkeit dazu hat, kann wohl schwerlich zu neuen Erfindungen und Bearbeitungen, die ein blühender Nahrungsstand erfordert, geschickt sein"[2]. Nach und nach werden die „protestantischen Tugenden" zu dem, was man die „bürgerlichen Tugenden" der Deutschen nennt, und zu einem unauslöschlichen Kennzeichen ihres Nationalcharakters. Arbeitseifer und Sparsamkeit werden ebenso wie die daraus resultierende Bereicherung als eine mögliche Form des Gottesdienstes betrachtet – in dem Maße selbstverständlich, wie sie einhergehen mit einem bescheidenen Lebensstil und einer zu jeder Zeit sichtbaren Demut. Wie Max Weber nachgewiesen hat, ist die kapitalistische Ethik großenteils aus dieser protestantischen Moral, und sogar aus ihren puritanischsten Formen, hervorgegangen. Nach und nach ist die Sakralisierung der Arbeit zu einem Kult des „Sich-Bemühens" und des materiellen Erfolgs geworden.

Dadurch, daß der Protestantismus die bislang gültigen Werte in Frage stellte, unterminierte er das solide Terrain, auf dem sich das Abendland seit Jahrhunderten ausgeruht hatte. Der lutherische Glaube verzichtete auf jene bequemen Mittel, die den Gläubigen das Leben bisher vereinfacht hatten, wie beispielsweise die Ablässe, die Beichte und die sehr strengen Verhaltensregeln. Der Mensch kann niemals sicher sein, daß er gerettet wird, niemand und nichts enthebt ihn in dieser Hinsicht seiner Verantwortlichkeit. Der Zweifel wird von nun an wie ein Zentnergewicht auf dem Gewissen der Individuen lasten. „Habe ich mich gut verhalten?", „Bin ich auf dem richtigen Weg?" – die Ungewißheit begleitet jede Handlung und jeden Gedanken, so sehr, daß die „protestantische Unruhe", von der Thomas Nipperdey spricht, bald zu der deutschen Unruhe schlechthin werden und der Zweifel einen zentralen Stellenwert in der Mentalität der Deutschen einnehmen wird. Man

[2] Johann Georg Krünitz, Oekonomische Enzyklopädie, 1792.

wird die Welt nie mehr so akzeptieren wie sie ist; gepeinigt von Angst und im Wunsch, das unbehagliche Lebensgefühl dadurch zu überwinden, daß man Traum und Wirklichkeit in Einklang bringt, wird man stattdessen versuchen, den Lauf der Dinge zu beeinflussen und das Gegebene umzugestalten.

Diese geistige Unruhe bewirkt naturgemäß ein intensives Interesse an der Welt, in der man lebt und eine gewisse Offenheit für den „Zeitgeist". Fortschrittliche Ideen haben immer einen günstigen Nährboden im deutschen Protestantismus gefunden. „Die großen politischen Umschwünge in Deutschland werden fast immer zunächst von den Protestanten ausgelöst"[3]. Da diese den weltlichen Dingen näher sind, wenden sie sich auch bereitwilliger den Parteien zu, die die Gesellschaft verändern wollen. Unter den Mitgliedern und Wählern der SPD beispielsweise überwiegen eindeutig die Protestanten. Es gibt allerdings, wie Nipperdey feststellt, auch eine Kehrseite der Medaille: wenn die Protestanten sich von den Problemen und Mißständen des modernen Lebens in höherem Maße betroffen fühlen, so sind sie auch verletzbarer. Sie unterliegen stärkeren Spannungen, und ihnen fällt es weitaus schwerer, ein inneres Gleichgewicht zu finden. Für sie ist das Glück nicht leicht zu erreichen. Aber gilt das nicht für alle Deutschen?

3 Gerhard Schmidtchen, Was den Deutschen heilig ist – Religiöse und politische Strömungen in der Bundesrepublik Deutschland

Kapitel III

Die Philosophie

Ein Volk der Dichter und Denker – so sehen sich die Deutschen selbst. Wie so viele Klischees enthält auch dieses einen unleugbaren Kern von Wahrheit. Den Sinn für die Poesie und die Lust am Denken gibt es in der Tat in allen Schichten der deutschen Bevölkerung, selbst wenn erstere sich öfters nur in einer sehr simplen Form äußert (z. B. den Knittelversen der Werbung oder der Reimerei bei Geburtstagsfeierlichkeiten) und letztere häufig die Form einer Grübelei annimmt, die nicht in der Lage ist, sich zu artikulieren. Die Beziehungen zwischen Dichtung und reinem Denken – jene „tiefe Verwandtschaft zwischen poetischem und philosophischem Geist", von der Wilhelm von Humboldt spricht – sind wahrscheinlich in Deutschland enger als anderswo. Die größten Dichter – Goethe und Schiller – waren auch große Denker, die versuchten, ihr literarisches Werk in ein kohärentes philosophisches System einzubinden, und große Philosophen haben es nicht verschmäht, sich in einer literarischen Form auszudrücken – Nietzsche ist wohl das schönste Beispiel.

Im 18. Jahrhundert sicherte sich die deutsche Philosophie unter dem Einfluß der *Aufklärung* einen vorherrschenden Platz im intellektuellen Leben der Deutschen und beeinflußte ihre Verhaltensweisen. Man wurde sich jetzt dessen bewußt, daß die philosophische Reflexion, in ihrer edelsten ebenso wie in ihrer trivialsten Form, einem tiefen Bedürfnis des deutschen Temperaments entsprach. Zu dieser Zeit bemächtigten sich die Deutschen buchstäblich dieser Wissenschaft, um ihr ihren Stempel aufzudrücken. Die totale Erneuerung der Philosophie, die gegen Ende des 18. und zu Beginn des 19. Jahrhunderts stattfand, ist in der Tat ausschließlich von deutschem Boden ausgegangen. Wenn zum Beispiel Voltaire, Diderot, Helvetius, Condillac, Rousseau, Berkeley oder Hume dazu beigetragen haben, die Philosophie von ihren Vorurteilen zu befreien, so sind es die deutschen Philosophen gewesen, die ihr beigebracht haben, zu systematisieren und neuartige Methoden der Analyse zu entwickeln.

Kant kam und alles wurde anders! Sein Werk war eine ungeheure Infragestellung der wissenschaftlichen und moralischen Grundsätze und zugleich ein gewaltiger Versuch zu ordnen, was auf ewig inkohärent zu sein schien. Zum ersten Mal hat der menschliche Geist der Materie wirklich seinen Stempel aufgedrückt. Die transzendentale Kritik Kants, die aus der Auseinandersetzung zwischen Rationalismus und Empirismus hervorgegangen ist, hat in der Geschichte der Menschheit eine ebenso bedeutende Wende herbeigeführt wie die Entdeckungen von Kopernikus. Von diesem Zeitpunkt an wird die Erkenntnis nicht mehr durch die objektive Realität determiniert. Die Realität erscheint im Gegenteil als abhängig von den Bedingungen der Erkenntnis.

Dadurch, daß Kant das Dilemma „Dogmatismus oder Skeptizismus", in das sich die Philosophie bis dahin verstrickt hatte, aufgab, eröffnete er ihr völlig neue Perspektiven und Möglichkeiten. An die Stelle der theologischen Metaphysik setzte er die spekulative Metaphysik, er begründete eine Doktrin, die sowohl Theorie der Wissenschaft als auch praktische Philosophie ist, und er söhnte scheinbar unvereinbare Strömungen miteinander aus.

Die große Originalität Kants besteht darin, daß er der übertriebenen Anmaßung der Vernunft ein Ende gesetzt hat. Dank einer Methode, die dem rettenden Zweifel und der konstruktiven Fragestellung freie Ausdrucksmöglichkeiten gab, wurde die Vernunft objektiver und folglich wirkungsvoller. Weit entfernt davon, Ausdruck eines negativen Denkens zu sein, hat der Kritizismus Kants eine Erneuerung der Moral, der Wissenschaften und der Kunst möglich gemacht.

Die neue Philosophie überrollte Deutschland wie eine Sturmflut. Es fällt schwer, sich heute die Leidenschaft vorzustellen, mit der damals theoretische Diskussionen geführt wurden, besonders wenn es darum ging, geltende Denksysteme in Frage zu stellen. Im Laufe der zwanzig Jahre nach Erscheinen der *Kritik der reinen Vernunft* und nach der Publikation weiterer Werke, mit denen Kant sein System ergänzte und perfektionierte, haben fast 700 Autoren seiner Philosophie mehr als 2 000 Essays oder Bücher gewidmet. Beim Tod des Philosophen im Jahre 1804 mußten selbst seine erbittertsten Gegner zugeben, daß die Dinge nie wieder so sein würden wie vorher. Denn in der Zwischenzeit hatten sich die neuen Ideen über den Kreis der Eingeweihten hinaus verbreitet und befruchteten die Ansichten und Verhaltensweisen der meisten gebildeten Menschen in Deutschland.

Der Idealismus, der direkt aus der Philosophie Kants hervorgegangen ist, hat das 19. Jahrhundert in hohem Maße geprägt und in der Mentalität der Deutschen lange intensiv nachgewirkt. Bevor der Idealismus zu der Geisteshaltung wurde, die dem Gefühl eine große Bedeutung einräumt und den Menschen zu verbessern versucht, war er ein philosophisches System, das alles, was existiert, auf das Denken zurückführt. Im transzendentalen Idealismus Kants sind Raum und Zeit nur Gesetzmäßigkeiten unseres Geistes. Der absolute Idealismus, dessen hervorragendster Vertreter Fichte war, hat versucht, über das Denken Kants, das er zu zögerlich fand, hinauszugehen, und sich entschieden der Ethik zugewandt. Auf diese Weise entwickelte sich die Vorstellung, daß es ein absolutes moralisches Ideal gibt, mit dem das Individuum sein eigenes Leben in Einklang bringen muß. Bei vielen Deutschen ist diese Neigung – oder Schwäche – bis heute erhalten geblieben.

In der Philosophie des „goldenen Zeitalters" werden – möglicherweise deutlicher als in anderen Bereichen – gewisse Grundzüge der deutschen Mentalität erkennbar. Dazu gehört einmal ein inniges Verhältnis zur Natur, die für Hegel „die Idee als Totalität" repräsentiert und die für Schelling eine Mittlerfunktion zwischen Gott und Mensch einnimmt. Zum anderen wäre der Lebensdrang im Sinne Schopenhauers und

Nietzsches zu erwähnen. Bei dem einen nimmt er die Form des Willens an, jenes „Ding an sich“, das tief im Menschen verankert ist und ihn dazu bewegt, allen existentiellen Leidenserfahrungen und Schrecknissen zum Trotz am Leben festzuhalten. Bei Nietzsche wird der Lebensdrang zu einem individuellen Phänomen, das sich im Willen zur Macht, das heißt zur Tat manifestiert. Ein weiteres Kennzeichen ist das Pflichtgefühl. Sicher, der Mensch ist frei, aber ausgestattet mit einer Vernunft, mit deren Hilfe er ein moralisches Gesetz aufstellt, dem er sich unterwirft, weil er es sich selbst gegeben hat. Der „kategorische Imperativ“ ist nichts anderes als Pflichterfüllung. Bei Hegel kommt der Begriff der Freiheit hinzu, verstanden als „Wahrheit der Notwendigkeit“, das heißt als der Punkt, an dem das Handeln und die universelle Vernunft eins werden. Die wirkliche Freiheit wird bei ihm zum inneren Wunsch, aus Pflichtgefühl zu handeln.

Zu den weiteren Merkmalen gehört die Idee des Werdens, das heißt der uneingeschränkten Perfektibilität des Menschen. Für Hegel ist das Absolute zunächst Leben und Bewegung. Das Sein ist nur als unaufhörliches Werden vorstellbar. Die Welt spiegelt daher nicht einfach Ideen wider, sondern sie ist deren Verwirklichung.

Die Mentalität der Deutschen charakterisiert sich schließlich auch dadurch, daß der Schönheit, als Nachweis des sittlichen Werts, und der Kunst, als Trost des Lebens, besondere Bedeutung beigemessen wird. Bei Kant ist das Schöne eng mit der Sittlichkeit, die es symbolisiert, verbunden. Für Schelling ist die Schönheit weniger dazu bestimmt, die Realität wiederzugeben, als Ideen zu versinnbildlichen. Die Kunst ist ein Produkt der Intelligenz. Sie ist die vollständige Form, dank derer es möglich wird, das Geheimnis des Lebens zu verstehen. Nietzsche ist der Ansicht, daß nur die Kunst es erlaubt, die Vielfalt und den Reichtum der Wirklichkeit zu erfassen. Ohne sie gäbe es keinen Grund, am Leben festzuhalten. Sie errettet die Menschheit aus dem Nichts und aus der Verzweiflung, sie befreit den Menschen von seinen Leiden und macht es möglich, dieses irdische Jammertal als simples ästhetisches Phänomen zu begreifen.

1807 erschien eines der wichtigsten philosophischen Werke der beiden letzten Jahrhunderte: die *Phänomenologie des Geistes* von Hegel. Zum ersten Mal wurde hier nachgewiesen, daß die Welt nicht endlich ist und die Menschheit nicht gezwungen, sie passiv hinzunehmen. Zum ersten Mal scheint der Mensch imstande, sich selbst zu schaffen und seine eigene Welt aufzubauen. Das Werk Hegels ist zweifellos das vollständigste und homogenste der deutschen Philosophie. Mit seinem Inhalt und den neuen Methoden, die es propagiert, hat es einen entscheidenden Einfluß auf das politische und soziale Denken ausgeübt.

Nach Hegel sind alle natürlichen Erscheinungen, alle Manifestationen des Verstandes geistigen Ursprungs. Die gesamte Realität ist ein Prozeß, durch den sich der absolute Geist entfaltet und sich seines eigenen Seins bewußt wird. Das Gesetz, das den Gang der Realität beherrscht und daher die eigentliche Quintessenz der Dinge ausmacht, ist die Dialektik. Hegel vollendet, was Kant begonnen hat: er erbringt den Nachweis, daß die Logik und die Metaphysik unauflöslich miteinander verbunden sind. In einem einzigen System hat er alle intellektuellen Gesetze, Kategorien, begrifflichen Formen und Methoden vereint. Hegel, das ist die deutsche Philosophie par excellence, diejenige, die das Bedürfnis der Deutschen nach Universalität befriedigt, ihre moralische Unruhe besänftigt, ihren Hunger nach Intellektualität stillt und ihrer Sehnsucht nach dem Absoluten gerecht wird.

In dem Moment, in dem die menschlichen Taten nur noch Medium sind, durch das der Geist sich selbst offenbart und sich kennenlernt, in dem Moment, in dem die Dinge einer kontinuierlichen und notwendigen Entwicklung unterliegen, bleibt der einzelne nicht länger im Mittelpunkt des Ganzen. Die Intelligenz, die Naturgesetze und die Wechselfälle der Geschichte sind dann nur noch Entwicklungsstufen, die der Geist durchläuft, um sich in den edelsten Formen zu manifestieren:

in der Religion, in der Kunst und vor allem im unabhängigen Nationalstaat. Letzterer als allgemeinstes Prinzip wird logischerweise von nun an einen zentralen Stellenwert einnehmen. Im Hegelschen Denken liegt nichts Antidemokratisches darin, daß sich das Individuum dem Staat unterwirft, im Gegenteil. Die wahre Freiheit verwirklicht sich in der Tat erst, wenn der Staat keine äußeren oder inneren Hindernisse mehr kennt. Je getreuer die Bürger dem Gesetz Folge leisten und dem Staat gehorchen, desto freier werden sie objektiv.

Ohne es zu wissen, hat Hegel die Grundlagen eines gewissen deutschen Nationalismus geschaffen und zugleich gebrochen, was man für den unaufhaltsamen Aufstieg des Individualismus hielt, und zwar dessen edelsten Aspekt.

Für seinen berühmtesten Schüler, Karl Marx, geht es nicht mehr allein darum, die Welt zu begreifen, sondern sie zu verändern. Die Dialektik ist keine einfache Gegenüberstellung von Ideen mehr, sondern ein richtiger Kampf, der geführt wird, um konkrete Ergebnisse zu erzielen. Der historische Materialismus folgt auf den Idealismus, beziehungsweise baut auf ihn auf.

Auf den Spuren Hegels entwickelte Nietzsche seine Theorie des Übermenschen, der aus einer gemeinsamen Anstrengung von Wille und Phantasie erwächst, deren ständige Wiederholung den Pessimismus überwinden soll. Der Wille zur Macht im Dienste einer sogenannten Elite, die sich unter dem Vorwand, zum Fortschritt der Zivilisation beizutragen, eine höhere Moral und höhere Rechte zugesteht – man weiß, was 33 Jahre nach dem Tod Nietzsches daraus geworden ist …

Kapitel IV

Selbstportrait

Zum Erbe der Vergangenheit gehören auch die Urteile, die die Deutschen im Laufe der Jahre über sich selbst gefällt haben. Beispiele, die man zitieren kann, findet man in großer Zahl, denn selten hat ein Volk so intensiv das Bedürfnis verspürt, sich selbst zu erforschen und seine Beziehungen zur Welt, zur Kultur, zu seinen natürlichen Lebensbedingungen sowie zu anderen Völkern zu analysieren. Die Meinungen der geistigen Größen der Nation in Wort und Schrift – denen die Deutschen traditionsgemäß viel Achtung entgegenbringen – sind ihrerseits nicht ohne Auswirkungen auf die deutsche Mentalität geblieben. Man hat sich dem Bild des Deutschen, das Philosophen und Schriftsteller entworfen haben, angepaßt – unbewußt, wenn es sich um Fehler handelte, und aus freien Stücken, wenn dies die positiven Eigenschaften betraf. Der Erfolg so mancher sprichwörtlicher Redensarten über das Verhalten der Deutschen – *Wein, Weib und Gesang/Kinder, Küche, Kirche/frisch, fromm, fröhlich, frei* – läßt diese stillschweigende Anpassung an ein Stereotyp deutlich erkennen.

Nach dieser Schablone entstehen viele der positiven oder kritischen Werturteile, die manchmal durch den zeitlichen Abstand und die ständige Wiederholung etwas verzerrt werden: die Deutschen sind unübertrefflich, wenn es etwas zu organisieren gilt, ihre Stärke liegt in der Abstraktion, sie halten Vorschriften immer ein, sie sind arrogant und überzeugt, im Besitz der Wahrheit zu sein, sie kämpfen auf kleinliche Weise für ihre Rechte, sie mögen Krisen gern, sie sind unfähig, sich in andere hineinzuversetzen.

In Wirklichkeit sind die Dinge verwickelter. „Deutschland? aber wo liegt es? Ich weiß das Land nicht zu finden“, schrieb Goethe. In der Tat, wenn die Deutschen sich selbst analysieren, sind sie meistens ratlos und schwanken zwischen Lob und

Herabsetzung. Der deutsche Chauvinismus ist nie frei von Zweifeln, aber die Selbstkritik ist selten systematisch. Einerseits ist der Deutsche, was sich selbst betrifft, zu wehleidig, um wirklich zu wagen, sich sehr weh zu tun, andererseits hindert ihn ein gewisser Hang zur Selbsterniedrigung daran, seine Fehler völlig abzustreiten. Diese Ambivalenz erscheint in besonders deutlicher Form in seinen Beziehungen zum „Vaterland". Alle Autoren verherrlichen die Liebe zum *Vaterland* und projizieren auf die Deutschen idealisierte heroische Charaktereigenschaften, die in den Dienst des Kampfes um Freiheit und Unabhängigkeit gestellt werden sollen: Mut, Treue, Stärke, Opferbereitschaft, Ausdauer und Edelmut. Aber gleichzeitig kommen sie nicht umhin zuzugeben, daß die Wirklichkeit häufig ganz anders aussieht, und dann geißeln sie im Tenor der enttäuschten Liebe die deutsche Trägheit, Engherzigkeit und Schlaffheit. Sind die großen Geister niemals besonders liebevoll mit ihren Landsleuten umgegangen, so haben sie doch stets die Schwierigkeit hervorgehoben, Deutscher zu sein.

> „Der echte Deutsche ist treu, bescheiden, fromm und fleißig, der mutige Verteidiger des Vaterlandes und der guten Sache, der ruhige und rechtliche Bürger" (Adam Heinrich Müller).

Offensichtlich ist hier „der Deutsche, wie er sein sollte" gemeint, den so viele Autoren in ihren Wunschvorstellungen beschworen haben. Beispielsweise Schiller:

> „Ihm ist das Höchste bestimmt, Und so wie er in der Mitte von Europens Völkern sich befindet, So ist er der Kern der Menschheit ... Nicht im Augenblicke zu glänzen und seine Rolle zu spielen, sondern den großen Prozeß der Zeit zu gewinnen. Jedes Volk hat seinen Tag in der Geschichte, doch der Tag der Deutschen ist die Ernte der ganzen Zeit."

Dem stehen Verurteilungen gegenüber, deren Strenge erstaunlich ist:

„Das ist schön bei uns Deutschen: Keiner ist so verrückt, daß er nicht einen noch Verrückteren fände, der ihn versteht" (Heine).

„Die Deutschen haben von jeher die Art, daß sie es besser wissen wollen als der, dessen Handwerk es ist, daß sie es besser verstehen als der, der sein Leben damit zugebracht" (Goethe).

„Weil all diese Lähmungen, Hemmungen, diese bösartigen Fügungen, die den schon so oft beinahe errungenen Sieg immer wieder aus der deutschen Hand gewunden haben, nicht von draußen, nicht von dem Auslande und den Fremden gekommen, sondern aus den innersten, eigensten Eigenschaften der deutschen Natur herausgewachsen sind wie böses Unkraut, das in seiner geilen Wucherung die guten und edlen Pflanzen schließlich erdrückt und erstickt hat, nicht nur für den Augenblick, sondern oftmals für Jahrhunderte, manchmal für immer, weil keine Geschichte eines anderen Volkes so die Geschichte der Selbstzerstörung eines Volkes ist, weil in keiner Volksseele der Wahnsinn des Selbstmordes so sein breites, tiefes, blutiges Brandmal eingedrückt hat, wie in der deutschen" (Ernst von Wildenbruch).

„Geht es ihnen glücklich und siegreich, so beweisen sie sogleich, Sieg und Glück könne nicht lange bleiben, also herrsche der Wechsel aller irdischen Dinge; geht es ihnen unglücklich und knechtisch, so erinnern sie, welche Tugenden das Unglück entwickele, und wie fromm und demütig die Knechtschaft mache; kurz, für alle Farben und alle Gestalten, für alle Verschiedenheiten und alle Ähnlichkeiten immer Entschuldigungen, Verschönerungen,

Beleuchtungen und Ansichten, die bemänteln, erklären, deuteln und drehen, was alle andere Sterbliche als Glück oder Unglück, Tugend oder Laster geradezu segnen oder verfluchen. Ja, kommt der schwarze Teufel aus der Hölle und sagt ihnen, *ich* will euer gnädiger Herr und Kaiser von Deutschland sein, sie haben die nächste Stunde einen Stammbaum fertig, worin sie sein Recht zum deutschen Thron und die angeborne Milde und Gerechtigkeit seines Gemütes beweisen" (Ernst Moritz Arndt).

„Wo der Hochmut des Intellektes sich mit seelischer Altertümlichkeit und Gebundenheit gattet, da ist der Teufel. Und der Teufel, Luthers Teufel, Faustens Teufel, will mir als eine sehr deutsche Figur erscheinen, das Bündnis mit ihm, die Teufelsverschreibung, um unter Drangabe des Seelenheils für eine Frist alle Schätze und Macht der Welt zu gewinnen, als etwas dem deutschen Wesen eigentümlich Naheliegendes" (Thomas Mann).

Kant gehört zu denjenigen, die den Charakter der Deutschen mit sorgfältigem Bemühen um Nuancierungen jenseits von Lob und Tadel analysiert haben:

„Die Deutschen stehen im Ruf eines guten Charakters, nämlich dem der Ehrlichkeit und Häuslichkeit, Eigenschaften, die eben nicht zum Glänzen geeignet sind. Der Deutsche fügt sich unter allen zivilisierten Völkern am leichtesten und dauerhaftesten der Regierung, unter der er ist, und ist am meisten von Neuerungssucht und Widersetzlichkeit gegen die eingeführte Ordnung entfernt. Sein Charakter ist mit Verstand verbundenes Phlegma, ohne weder über die schon eingeführte (Ordnung) zu vernünfteln, noch sich selbst eine auszudenken... Da Phlegma (in gutem Sinn genommen) das Temperament der kalten Überlegung und der Ausharrung in Verfolgung seines Zwecks, im gleichen des Aushaltens der damit verbundenen Beschwerlichkeiten ist, so kann man von den Talenten seines richtigen Verstandes und seiner tief nachdenkenden Vernunft so viel wie von jedem anderen der größeren Kultur fähigen Volks erwarten ... Das ist nun seine gute Seite, in dem, was durch anhaltenden Fleiß auszurichten ist, und wozu eben nicht Genie erfordert wird; welches letztere auch bei weitem nicht von der Nützlichkeit ist, als der mit gesundem Verstandestalent verbundene Fleiß der Deutschen ... Seine unvorteilhafte Seite ist ein Hang zum Nachahmen und die geringe Meinung von sich, original sein zu können ... und aus bloßer Pedanterie knechtig zu sein".

Meistens behält die Ambiguität in den Selbsteinschätzungen der Deutschen die Oberhand:

„Freunde, treibet nur alles mit Ernst und Liebe, die beiden Stehen dem Deutschen so schön, den ach! so vieles entstellt" (Goethe/Schiller).

„Ich kann kein Volk mir denken, das zerrißner wäre, wie die Deutschen. Handwerker siehst du, aber keine Menschen, Denker, aber keine Menschen, Priester, aber keine Menschen, Herren und Knechte, Jungen und gesetzte Leute, aber keine Menschen" (Friedrich Hölderlin).

„Der reiche, aus grüblerischem Tiefsinn und herzhafter Lebenslust so seltsam gemischte Charakter unseres Volkes, hat nicht immer verstanden, das rechte Gleichgewicht zu halten zwischen der Welt des Denkens und der Welt des Handelns" (Heinrich von Treitschke).

„Dem Teutschen wird es schwer, sich zu einem fremden Gesellschaftston zu erheben oder herabzustimmen; seine Theilnahme wird nicht sogleich rege; er fühlt sich verstimmt, wenn die Form der Unterhaltung von derjenigen, an welche er in seiner Heimath gewöhnt ist, merklich abweicht" (Adolph von Knigge).

„. . . ist sein Wesen kompakter und schneller Eindrücke nicht fähig, aber die empfangenen zäher bewahrend; seine Kräfte sind nicht innere Reize, die ihn zum Handeln kitzeln, sondern Gründe, die ihn dazu bestimmen . . . Die Leidenschaft wird ihn nicht zu grossen Vergehen hinreissen, aber auch nicht zu grossen Taten begeistern; zu persönlicher Grösse wird er sich nicht zu erheben vermögen . . . Stet ist sein Gang nach dem Ziele, das er sich vorsetzt, nie stürmend, nie fest, aber auch nie hüpfend wie bei seinen Nachbarn. Schnelle Besonnenheit im Momente, wo's gilt, ist nicht seine Sache, was aber angestrengtes Nachdenken zu ergründen vermag, liegt offen vor seinem Blicke" (Johann Josef von Görres).

Zweiter Teil

Der Lebensdrang

Die Haupteigenschaft der Deutschen ist ein phänomenaler Lebensdrang. Als verschwommene, kaum zu definierende, aber stets präsente Eigenschaft, bildet er die eigentliche Grundlage der deutschen Mentalität. Da er im genetischen Kapital des Volkes angelegt ist, kurbelt er die Maschine immer wieder an, wenn sie langsamer zu werden droht, mobilisiert ungeahnte Kräfte, wenn die Situation es erfordert, und treibt die Deutschen bei allen Gelegenheiten dazu an, über sich selbst hinauszuwachsen. Da er dem Bereich des Unbewußten entstammt, kann er aber auch zur Quelle von moralischem Leid und Frustrationen werden. Das erklärt sich daraus, daß die intellektuellen Fähigkeiten, die charakterliche Stärke und die seelische Kraft den von ihm initiierten ehrgeizigen Aufgaben nicht immer gewachsen sind. Blindlings von diesem unkontrollierbaren und unbeherrschbaren Prinzip getrieben, hat der Deutsche dann den Eindruck, eine schwere Niederlage erlitten zu haben. Dies kann ihn zu einer völlig verantwortungslosen und manchmal zerstörerischen Handlungsweise hinreißen, durch die er allen Widerständen zum Trotz das Schicksal zu erzwingen versucht.

Die deutsche Vitalität ist zunächst organischer Natur. Der Körper ist oft groß und massig, ausdauernd und sehr belastungsfähig. Manche Deutsche können nach einem harten Arbeitstag schwer verdauliche Speisen in sich hineinschlingen, Bier, gepanschte Weine und Schnäpse durcheinander trinken, sich erst im Morgengrauen schlafen legen und wenige Stunden später wieder, unverschämt frisch, munter und voller Energie auf der Bildfläche erscheinen! Der Grundstoff, aus dem die Deutschen bestehen, scheint von einer uneingeschränkten Strapazierfähigkeit. Das ist vielleicht das Ergebnis einer in vergangenen Zeiten erfolgten und durch das rauhe Klima und die ungünstigen Lebensbedingungen bedingten natürlichen Auslese.

Was die geistige Vitalität betrifft, so bekommt der Deutsche zwar oft Seelenkrisen, aber diese dauern nicht sehr lange an. Man glaubt, er sei endgültig am Boden zerstört – er aber richtet sich wieder auf und macht mit neuen Kräften weiter. Je tiefer er gesunken ist, desto höher erhebt er sich und vergißt mit kindlicher Unbekümmertheit, was ihn kurz zuvor niedergedrückt hat. Er wirft seine Ängste, Vorurteile und Obsessionen mir nichts dir nichts über Bord – findet jedoch bald neue. Aber zwischendurch hat nichts seinen Weg aufgehalten, und mit Schwung hat er die Probleme in Angriff genommen und gelöst. Seine geistige Verfügbarkeit ist total und führt ihn dazu, sich für irgendwelche Dinge einzusetzen, ohne auch nur zu versuchen, deren ethischen Wert zu ermitteln.

Die psychische Vitalität schließlich ist die wichtigste. Der Deutsche, der manchmal so zerbrechlich und dünnhäutig wirkt, ist in Wirklichkeit sehr standfest. Je heftiger der Sturm wütet, desto fester ist er im Terrain seiner Überzeugungen verankert. Je mehr Schwierigkeiten sich auftürmen, desto nachhaltiger bemüht er sich, sie zu überwinden. Um seine Probleme zu lösen, vertraut er auf die schlichten, aber wirkungsvollen Rezepte, die er erlernt hat und systematisch anwendet: Ordnung, Pünktlichkeit, Präzision und Disziplin. Diejenigen, die ihm Arbeit machen, werden nicht als Störenfriede angesehen, sondern als Leute, denen man helfen muß. Man kann ihn daher belasten, ohne Angst zu haben, daß er zusammenbricht.

Seine Vorliebe für die Tat und seine Anpassungsfähigkeit werden ergänzt durch Entschlußkraft und Durchsetzungsvermögen. Für den Deutschen ist der Wille ein wesentliches Element der sozialen Beziehungen. Er ist für das harmonische Funktionieren der Gemeinschaft unabdingbar. Der Staat zwingt dem Bürger seinen Willen auf, der Wähler dem Staat, der Arbeitgeber dem Arbeitnehmer, die Gewerkschaft dem Arbeitgeber usw. Jeder ist irgend jemandem vorgesetzt und jemand anderem untergeben. In der Willensstärke drücken sich die natürlichen Machtverhältnisse aus, die von den Deutschen gern akzeptiert werden. Dem Willen eines anderen unterworfen zu sein, wird keineswegs als Einschränkung der Persönlichkeit empfunden, sondern als notwendiger Akt des Gehorsams, und daher durchaus nicht als ehrenrührig betrachtet. Das meistens geräuschlose Funktionieren der deutschen Gesellschaft sowie das seltene Auftreten von Aggressivität und Gehässigkeit in den Büros und Arbeitsstätten erklären sich im wesentlichen daraus, daß man den Willen anderer akzeptiert. Aus der Art und Weise, wie man anderen seinen Willen aufzudrängen vermag und selbst imstande ist, dem Willen anderer zu folgen, entsteht eine hierarchische Ordnung, in der jeder seinen ganz natürlichen Platz findet.

Die Deutschen bewundern Willensstärke sehr. Tatsächlich kann sie unter Umständen Intelligenz ersetzen und das Fehlen anderer Qualitäten ausgleichen, was sich manchmal als Vorteil erweist. Die guten Ergebnisse, die von Deutschen in Bereichen erzielt werden, für die sie keine überragende Befähigung haben, läßt sich sicherlich durch eine gleichmäßige Arbeit erklären, aber auch und vor allem durch eine außerordentliche Willenskraft. *Wo ein Wille ist, ist auch ein Weg,* sagt ein Sprichwort. Man hütet sich im übrigen davor, einem Willen entgegenzuwirken, den jemand durchzusetzen versucht: *Des Menschen Wille ist sein Himmelreich;* im Klartext, wenn jemand um jeden Preis etwas tun oder erreichen will, darf man ihn auf keinen Fall daran hindern, selbst wenn man nicht verstehen kann, warum er sich so verhält.

Wie eine explosive Kraft reißt der Lebensdrang die Deutschen aus jener Unbeweglichkeit heraus, auf die andere geistige Veranlagungen sie festlegen möchten (Trägheit, Schwerfälligkeit, Grübelei). Dies kommt geradezu perfekt in einem Schlüsselwort zum Ausdruck, das mit einem fast mythischen Sinn behaftet ist: *Streben.* Als Verb oder Substantiv gibt der Begriff besser als jeder andere den Zustand dauerhafter Anspannung wieder, die den Deutschen antreibt.

Das Wort *Streben* bezeichnet eine vollständige Mobilisierung der Energien mit allem, was dieses an Engagement impliziert. Das *Streben* verweist auf den Menschen, der ewig kämpft, irrt und hofft, auf jene geheimnisvolle Kraft, die Körper und Geist in Bewegung hält, die das Unbewußte beherrscht und den Willen seiner Macht unterwirft, auf jenes brennende Verlangen, das den Menschen vollständig verzehrt und dessen Forderungen niemals wirklich erfüllt werden können, auf die ewige Suche nach der Perfektion und das Trachten nach einer besseren Welt. Das *Streben* setzt voraus, daß man auf die Gegenwart – wie auch immer diese beschaffen sein mag – zugunsten einer Zukunft verzichtet, die nichts als Verheißungen bereit hält. Sich darauf zu verlassen, ist also ein waghalsiges Abenteuer, da man Gewißheiten vagen Glückserwartungen opfert.

Das Wort *Streben* gehört sicherlich zu denen, die während des Goldenen Zeitalters am meisten verwendet worden sind. In dieser Zeit erfuhr es einen Bedeutungswandel, der im wesentlichen auf Goethe zurückgeht und sich in einer andersartigen Gewichtung manifestiert: der Begriff impliziert von nun an den Drang nach religiösen Werten und moralischen Prinzipien, kurz, die Verfolgung eines Ideals, das die Entfaltung menschlicher Qualitäten erlauben und dem Menschen die Möglichkeit geben soll, sich selbst zu überwinden. Das konkrete Ziel wird nicht präzisiert, denn es bedeutet im Grunde wenig. Das Wesentliche ist die Wegstrecke, die man zurücklegt, und nicht der Ausgangspunkt oder das Ziel. Es genügt, sich für ein Ideal zu entscheiden (beispielsweise die Schönheit, die Liebe oder das Gute) und sich dann blindlings auf die Suche nach diesem zu machen. *Rastlos vorwärts mußt du streben, nie ermüdet stille stehn* –, rät Schiller. Das deutsche Volk war immer davon überzeugt, daß es allein durch die Tugend des *Strebens* und trotz allem, was es tut oder anrichtet, „errettet" würde. Bis heute hat ihm die Geschichte nie Unrecht gegeben . . .

Der Lebensdrang manifestiert sich auch in einer Art verhaltener Fiebrigkeit, die so manchen Aktionen der Deutschen eine große Intensität verleiht und sie zugleich mit einer Aura der Irrealität umgibt. Sie ist eine Mischung aus Turbulenzen und Ängsten und sorgt für Verwirrungen, kann aber auch die Kreativität fördern. Der Deutsche, den man eigentlich für ruhig hält, ist in Wirklichkeit ein Nervenbündel, das sich in der Gewalt hat. So wie ein Motor, den man in Gang gebracht hat und nur mit der Kupplung zurückhält, vibriert er innerlich und überträgt oft die Erregung, die er empfindet, auf seine Umgebung. Daraus wird das Mißbehagen oder zumindest die Beklemmung verständlich, die man beim Kontakt mit bestimmten Deutschen empfindet. Das liegt daran, daß das Übermaß an Energie, das sie beherrscht, nicht immer angemessen kanalisiert werden kann. Diese in gewisser Weise unerschöpfliche Energie erlaubt den Deutschen Kraftakte in den unterschiedlichsten Bereichen zu vollbringen. Es handelt sich um eine natürliche Energie, die keiner Willensanstrengung bedarf und daher zu einer furchtbaren Waffe werden kann.

Das *Streben,* die Unruhe und die Energie sind die drei Formen, die der Lebensdrang bei den Deutschen annimmt. Zwischen den beiden äußersten Punkten dieses Fächers, das heißt zwischen der gehobenen Ebene des *Strebens* und der niederen Ebene der Energie ist die Distanz so groß wie zwischen dem Heiligen und dem Dämon oder zwischen Gut und Böse. Je nachdem, in welchem Bereich und in welcher Weise man den Lebensdrang umsetzt, kann er, von einem moralischen Standpunkt aus gesehen, völlig unterschiedliche Resultate erzielen, mit anderen Worten, zum perfekten Edelmut oder im Gegenteil zur totalen Niedertracht führen.

Kapitel V

Das Streben

Unter philosophischem Aspekt ist das *Streben* die Suche nach dem Absoluten. Es handelt sich um nichts Geringeres als darum, zur reinen Wahrheit zu gelangen. Das ist wahrlich ein ehrgeiziges Ziel, aber die Maßlosigkeit hat den Deutschen noch niemals Angst gemacht.

Zweifellos ist die Suche nach dem Absoluten nirgends besser analysiert worden als in Hegels *Phänomenologie des Geistes* und noch nie besser veranschaulicht als in Goethes *Faust.* In beiden Werken wird der Mensch in seinen bewegten Beziehungen zur Transzendenz dargestellt. In beiden wird die fundamentale Antinomie der menschlichen Existenz verdeutlicht, die nur in eine Sackgasse führen kann – es sei denn der Mensch schlägt den ach so schwierigen Weg der Transfiguration ein. Der tragische und schmerzhafte Charakter des Aufstiegs zum Licht wird bei Hegel und Goethe gleichermaßen evident. Lukacs weist darauf hin, daß es beiden darum geht, das Immanente in der menschlichen Entwicklung aufzuzeichnen und so die Gesetzmäßigkeiten, nach denen sie verläuft, abzuleiten. Der Mensch wird nicht als Mensch geboren, er wird es erst in einem langwierigen Reifungsprozeß und nach harten Bewährungsproben. Erst am Ende dieser Reise wird man erfahren, ob er es verdient, „gerettet" zu werden. Das menschliche Wesen ist also kein *Objekt,* dessen Schicksal es ist, die Last des Materiellen und die Zwänge der Geschichte über sich ergehen zu lassen, sondern ein *Subjekt,* das die Welt innerhalb der kurzen Zeitspanne seines Lebens verändern kann, ja mehr noch, verändern *muß.* Nur so kann es sich verwirklichen und seinen Werten einen Sinn geben.

Das Absolute erfassen, das ist die Aufgabe, die Hegel sich in der *Phänomenologie des Geistes* gestellt hat. So schreibt er, „... daß das Absolute allein wahr, oder das Wahre allein absolut ist.“ Das Bewußtsein durchläuft nach und nach verschiedene Stufen, wird immer reifer, immer differenzierter, um schließlich die Vollkommenheit zu erreichen. Ausgehend von einer rein empirischen und in gewisser Weise unausgegorenen Erkenntnis gelangt es schließlich zur Stufe des *absoluten Wissens.* Lukacs unterstreicht den spezifisch idealistischen Charakter dieser letzten Station, die das Ende jeder Entfremdung kennzeichnet: das Sein hat aufgehört, als Objekt zu existieren, um nur noch Subjekt zu sein.

Erst aus diesem Zusammenhang läßt sich die Bedeutung des Begriffs *Streben* umfassend verdeutlichen. Das Leben ist ein ständiges Fortschreiten, bei dem das Individuum, getrieben von wer weiß welcher inneren Notwendigkeit, sein kontingentes Wesen zu überwinden versucht, um sich der Vollendung anzunähern. Das Unvollkommene enthält im Keime sein Gegenteil, die Vollkommenheit. Es genügt also, Mut und Hartnäckigkeit zu beweisen, um die Kräfte, die die Menschheit nach unten ziehen oder sie auf der Ebene des Materiellen und der Sinne festhalten, beherrschen zu können. Also wird nach Auffassung Hegels das Licht des Bewußtseins aus tausend Feuern leuchten und sich das Individuum selbst verwirklichen. Der Geist wird die Zeit auslöschen und reine Idee werden, der Mensch wird die Wirklichkeit endlich überwunden haben. Er wird von einem göttlichen Rausch erfaßt werden *(der bacchantische Taumel, an dem kein Glied nicht trunken ist)* und die höchste Ruhe kennenlernen *(die durchsichtige und einfache Ruhe),* in der alle Widersprüche, so wie sie erschienen sind, aufgehoben sein werden. Die äußere Welt existiert nicht mehr, nur die Erinnerung an ihre Entwicklung ist noch lebendig, nur die Suche und das Leiden, das sie hervorgerufen hat, sind noch präsent. Die *Phänomenologie* endet mit einem Zitat von Schiller, das ausdrückt, wie sehr der absolute Geist der Welt enthoben ist:

Aus dem Kelche dieses Geisterreiches schäumt ihm seine Unendlichkeit.

Für manche Deutsche ist es vielleicht gerade die mystische

Seite dieser Konzeption, die sie dazu bewegt, ihr beizupflichten. Viele von ihnen fühlen sich prädestiniert, zu treuen Hütern des „absoluten Geistes“ zu werden. Hegel selbst hat es so ausgedrückt:

> „Wir (die Deutschen) haben den höheren Beruf von der Natur erhalten, die Bewahrer dieses heiligen Feuers zu sein ... wie früher der jüdischen Nation der Weltgeist das höchste Bewußtsein aufgespart hatte, daß er aus ihr als ein neuer Geist hervorginge.“

Faust ist die vielleicht genialste Darstellung der deutschen Seele. Schon in der Person des Orest in *Iphigenie* und dann in der des Tasso in *Torquato Tasso* hatte Goethe das Bild eines Menschen entworfen, der in den Fängen des Schicksals verstrickt, von seinen inneren Dämonen verfolgt und der eigenen Maßlosigkeit ausgeliefert ist – mit anderen Worten, der unfähig ist, seine Triebe zu beherrschen. Das Thema wird im *Faust,* wo die Figur eine mythische Dimension gewinnt, ohne irgendetwas von ihrer Menschlichkeit zu verlieren, zur Perfektion gebracht. Faust versinnbildlicht die Suche nach dem Absoluten mit ihrer zugleich schöpferischen und dämonischen Seite, mit ihrer Sehnsucht, die sich nie vollständig erfüllt, und ihren Ansprüchen, denen immer zu viel Platz eingeräumt wird. Faust, das ist der Mensch, der am Rande des Abgrunds stets wankt und oft stürzt, dem es aber dennoch gelingt, sich einer Ecke des Paradieses zu bemächtigen, weil er es so intensiv herbeisehnt. Die oft beschworene titanische Seite Fausts bezieht sich in erster Linie auf das außergewöhnliche *Streben* nach absoluter Erkenntnis. Um dieses Ziel zu erreichen, ist er zu allen Kompromissen, zu allen Opfern bereit. Wissen, handeln, fühlen genügen nicht, um in das verborgene Königreich des Lebens einzudringen. Man muß alles riskieren, selbst das völlige Scheitern, das als einzigen Ausweg nur den Selbstmord übrigläßt. Als Faust dem Teufel begegnet und mit ihm jenen berühmten Pakt schließt, ist er an diesem äußersten Punkt angekommen. Jetzt setzt er nicht mehr nur sein Leben aufs Spiel, sondern sein Seelenheil. Von unauslöschlichem Lebens- und Wissensdurst getrieben, stimmt er dem höchsten Frevel schließlich zu. Als er die Bedingungen des Handels festlegt, markiert er selbst die Grenze der Suche: er will die endliche Welt in ihrer Totalität erforschen, die menschliche Seele kennenlernen, und zwar sowohl von ihrer edelsten als auch von ihrer abstoßendsten Seite, allen Lastern nachgehen, alle Freuden genießen – bis er schließlich das höchste Ziel erreicht: den Augenblick der Erfüllung, in dem das *Streben* zur Ruhe kommt, in dem die Bewegung erstarrt, in dem man nichts mehr wünschen kann, weil man alles bekommen hat, der Moment, in dem die Wahrheit sichtbar wird, in dem die Schönheit den Menschen blendet und in dem das Glück ihn überwältigt. Dann treffen, vielleicht nur für die Dauer eines Wimpernschlags, der Mensch und das Absolute aufeinander, dann herrscht vollständige Harmonie. Jenseits dieses Punktes ist nur noch das Nichts:

> Werd ich zum Augenblicke sagen:
> Verweile doch! du bist so schön!
> Dann magst Du mich in Fesseln schlagen
> Dann will ich gern zugrunde gehen!

Das Seelenheil liegt also in Wirklichkeit im *Streben* selbst. Für den in Sünde und Schuld verstrickten Menschen besteht die einzige Möglichkeit, zur Erlösung zu gelangen, darin, mit bedingungsloser Entschlossenheit vorwärts zu stürmen. Er wird Rückschläge erleiden, Niederlagen erleben und Irrtümern unterliegen, aber er wird es sich als Verdienst zugute halten können, daß er nie aufgegeben hat – was die Schuld schlechthin wäre und eine Sünde, die der Himmel niemals vergibt. Denn es ist nicht sicher, daß der Mensch verdammt ist. Die geheimnisvolle Kraft, die in uns ist und *die stets das Böse will und stets das Gute schafft,* führt nur unter der Bedingung zur Erlösung, daß das Bemühen niemals nachläßt. Wenn der Mensch aufhört zu wollen und zu handeln, wenn er sich vom Bedürfnis nach Ruhe übermannen läßt, wenn in einem Wort sein Streben zum Stillstand kommt, dann lähmt er die universelle Entwicklung, die sich im Individuum genau so stark ausdrückt wie in der Materie. Sein Untergang wäre dann nicht aufzuhalten. Wenn er hingegen den ihm innewohnenden Kräften freien Lauf läßt, dann ist das Seelenheil möglich. Eine höhere Macht lockt ihn zum endgültigen Werden oder zum ewigen Leben: *Wer immer strebend sich bemüht, den können wir erlösen.*

Im Alltag äußert sich das *Streben* dadurch, daß man sich einer einmal begonnenen Arbeit vollständig hingibt, sich total in den Dienst eines Werkes stellt und sich nicht mit der Rolle als einfacher Zuschauer zufriedengibt. Eine solche Haltung ist natürlich das Gegenteil jeden Skeptizismus. Der Deutsche meint nie von vornherein, daß jede Unternehmung zum Scheitern verurteilt und es daher sinnlos ist, ihr seine Kräfte zu widmen, er nimmt sich nicht ständig vor sich selbst und vor anderen in acht und reagiert nicht skeptisch, wenn man ihn bittet, sich für etwas einzusetzen. Sein Engagement wird von der Überzeugung geleitet, daß jede Aktion ihre eigene Logik hat, der der Mensch sich nicht entziehen kann, und auch nicht darf. Reichtum, Ruhm und Macht sind nur nebensächliche Motivierungen. Das *Streben* ist in der Tat ein Vorgang, von dem man kaum Zufriedenheit oder Vorteile für seine Karriere und sein Selbstwertgefühl erwartet. Es trägt den Lohn in sich selbst: die Anspannung und die Erregung, die es hervorruft, die Lebenssäfte, die es in Wallung bringt, das Gefühl eines intensiven Lebens, das es hervorruft.

Die Deutschen leben mit ihrem *Streben* und fahren gut dabei. Das Problem ist falsch gestellt, wenn man sich nach seinem Sinn fragt. Es macht nichts, daß es sie häufig in eine Sackgasse führt: wesentlich ist, daß die allgemeine Tätigkeit des Landes durch diesen ungeheuren Willen, voranzukommen, durchgehend in Gang gehalten wird. Die Frage nach dem persönlichen Glück oder Unglück stellt sich in diesem Zusammenhang erst gar nicht.

Das *Streben* kann aus dem Deutschen sowieso nur einen ewig Unzufriedenen machen. Wenn sich ein Wunsch erfüllt hat, will er mehr. Wenn das Ziel erreicht ist, das er sich gesetzt hat, schaut er weiter und nimmt einen neuen Plan in Angriff. Hat er wiederum diesen ausgeführt, beginnt das Spiel von neuem. Der Erfolg ist nur eine Etappe, eine Atempause vor der Wiederaufnahme des Wegs. Der Deutsche ist unfähig, sich jemals auf seinen Lorbeeren auszuruhen oder den Augenblick wirklich zu genießen. „Cultiver son jardin"[4] – seinen Garten zu bestellen, ohne sich darum zu kümmern, was anderswo passiert, sich mit dem zufriedenzugeben, was das Schicksal einem bereithält, das ist eine Haltung, die der deutschen Mentalität zutiefst widerspricht.

Das Streben – höhere Ebene

Das *Streben* ist allumfassend, das heißt, es trachtet danach, die Totalität der dem Geist zugänglichen Bereiche zu umschließen. Die Figur des Faust ist der Ausdruck dieses „extremen Erkenntnis- und Wissensdurstes", von dem Ernst Bloch spricht, und der die Deutschen am meisten adelt. In der berühmten Anfangsszene der Tragödie befindet sich Faust allein in seinem Arbeitszimmer und beklagt sein Schicksal. Er hat alle Wissensgebiete erforscht: Philosophie und Jura, Naturwissenschaften und Theologie, und er erkennt, daß er „genau so klug als wie zuvor" ist, das heißt, daß er nicht imstande ist, zur Wahrheit zu gelangen. Seine Bemühungen wurden weder durch Reichtum noch durch Ruhm belohnt. „Es möchte kein Hund so länger leben!", stellt er erbittert fest. Faust hat daher beschlossen, auf die Magie zurückzugreifen, um endlich in das Geheimnis des Lebens einzudringen. An dieser Stelle befinden sich die vier Verse, die zum Schlüssel des *Strebens* auf der höheren Ebene werden:

[4] Zitat von Voltaire

Daß ich erkenne, was die Welt
Im Innersten zusammenhält,
Schau alle Wirkenskraft und Samen
Und tu' nicht mehr in Worten kramen.

Ein so hochfliegendes Vorhaben bringt die Deutschen zum Schwärmen. Die moralischen Qualitäten, die dieses Vorhaben erfordert, sowie die damit einhergehende Selbstverleugnung bilden einen Hintergrund, vor dem sich, so glauben sie, die Würde ihres Denkens und Handelns abzeichnet. Wer versucht ist, sich über diese Anwandlung von Edelmut oder über dieses manchmal naive Schwärmen lustig zu machen, der sollte an die intellektuellen, wissenschaftlichen und industriellen Erfolge denken, die die Deutschen aufgrund dieser Eigenschaft erzielen konnten.

Es wäre zwecklos, das deutsche *Streben* zügeln zu wollen. Ein Volk, das nur durch, für und in der Aktion lebt und daraus Befriedigung und Stolz ableitet, kann man nicht zur Untätigkeit verdammen, ohne es psychisch zu kastrieren. Wenn die Deutschen erst einmal in Fahrt sind, ist es praktisch unmöglich, sie aufzuhalten oder die von ihnen eingeschlagene Richtung zu verändern. Nur eine Katastrophe kann ihre Organisation durcheinanderbringen und so den Lauf der Dinge unterbrechen. Um wirklich effizient zu sein, ist das deutsche *Streben* auf eine gut funktionierende logistische Basis angewiesen, ohne die es leer läuft und sich selbst zerstört. Deshalb haben die Deutschen einen solchen Horror vor dem Chaos und vermeiden Unordnung selbst bei den kleinsten Dingen.

Die Deutschen sind buchstäblich unfähig aufzuhören. Sie können keine Diskussion beenden, keinen Schlußstrich unter eine Forschung ziehen, keine Aktion begrenzen. Ihre Unternehmungen wenden sich ins Gigantische, ihre Werke sind voluminös, ihre philosophischen Systeme versuchen, alles zu umfassen. Ihre Lebenskraft wird durch diese innere Anspannung angespornt und die Leistungen dadurch verbessert. *Daß wir nicht enden können, macht uns groß,* sagt Goethe.

Das *Streben* führt zu einer verhaltenen Melancholie, denn es macht das Entschwinden der Zeit bewußt. Wer ständig in Bewegung ist, hat ein geschärftes Bewußtsein für die Vergänglichkeit des Erfolgs und die Unbeständigkeit des Glücks. Man hat zu viele Dinge gesehen, um nicht zu wissen, daß Glück und Unglück dicht beieinander liegen. Man hat zu viele Freunde am Wegrand zurückgelassen, zu viele Schläge eingesteckt und zu viel Leid gesehen, um nicht zu begreifen, daß der flüchtige Augenblick unwiderruflich verloren ist. Für die meisten Deutschen wird das Glück immer getrübt durch die Vorahnung des Unheils, von dem man weiß, daß man ihm nicht ausweichen kann. Sie haben das dunkle Gefühl, daß das Absolute, das sie suchen, nicht von dieser Welt ist, und daß es selbst im Himmel Fausts nicht möglich ist, Frieden zu finden. Das Bewußtsein, daß das „Ideal", dem man nacheifert, nicht erreichbar ist, und daß man nur versuchen kann, sich ihm anzunähern, erklärt zweifellos den Schleier von Traurigkeit, der über so vielen deutschen Unternehmungen liegt.

Mehr als jedes andere Volk neigen die Deutschen daher dazu, Zuflucht in der Utopie zu suchen. In einer imaginären Welt kann sich das *Streben* voll und ganz verausgaben. Die materiellen Hindernisse, die intellektuellen Hürden und die psychologischen Hemmungen, die normalerweise sein Wirken stören, sind aufgehoben. Alles wird möglich – von der „Idylle" des Kleinbürgers bis zum *Tausendjährigen Reich* des Größenwahnsinnigen. Die Gefahr, die in der Utopie liegt, besteht darin, daß sich die Grenze zwischen Traum und Realität allzusehr verwischt und daß das *Streben* dann in den Bereich des Absurden und des Wahns gerät.

Das Streben – praktische Ebene

Im Alltags- und Berufsleben wirkt das *Streben* als eine treibende Kraft. Sein Einfluß ist so groß, daß es die Gesellschaft zwingt, hierarchische Strukturen mit zahlreichen Rangordnungen und Titeln einzusetzen, die vom Standpunkt des Lohnes, der Macht oder der Verantwortung, die mit ihnen einhergehen, nichts besagen, die aber den Leuten das Gefühl geben, in der Wertskala höher zu steigen, das heißt zu „avancieren". Auf diese Weise ist es möglich, den Lebensdrang im Zaum zu halten und Störungen im sozialen Getriebe zu vermeiden. Niemand kann wissen, bis zu welchem Extrem Deutsche, die in ihrem *Streben* enttäuscht wurden, tatsächlich gehen können.

Um jede Explosion zu vermeiden, ist es daher klug, ihnen immer, selbst in den bescheidensten Positionen, Aufstiegsmöglichkeiten bereitzustellen. Solange eine Verbesserung möglich ist, ist der Ehrgeiz des Deutschen im allgemeinen zufriedengestellt. Nicht so sehr die Stufe des erzielten Erfolges zählt, als vielmehr der Eindruck, in keinem Augenblick am möglichen Aufstieg gehindert zu sein. Statt einmal in den Genuß einer bedeutenden Beförderung zu kommen, aber vorher und nachher das Gefühl zu haben stillzustehen, ist es für sie besser, weniger hoch, aber dafür in mehreren Etappen aufzusteigen.

Nicht „voranzukommen" ist für einen Deutschen eine unerträgliche Situation. *Man muß es im Leben zu etwas bringen* – diese Redensart, die die Kinder von klein auf hören und deren Philosophie die meisten schon in der Phase des Heranwachsens annehmen, ist nur scheinbar ungenau. Denn für die Deutschen bedeutet „Erfolg haben" nicht, daß man die oberste Stufe der Erfolgsleiter erklimmen muß. Je nach seinen Möglichkeiten und der Stellung, in der er sich befindet, setzt sich der Deutsche ein Ziel, in dessen Dienst er alle seine Kräfte und seine gesamte Berufsehre stellt. Der Ehrgeiz bleibt meistens reduziert auf das, was „machbar" ist. Ein Ehrgeiz, der sich damit zufrieden gibt, nur einige wenige Stufen der Hierarchie zu erklimmen, und sich nicht von Anfang an wünscht, ganz nach oben zu kommen, macht nicht wirklich mißgünstig. Jeder, der sich Mühe gibt, gelangt in der Tat dorthin, wo er hinmöchte, und hat unter diesen Umständen kaum Anlaß, auf „die da oben" neidisch zu sein.

Die Tatsache, daß jeder im Leben avancieren will, macht die Aktivitäten des gesamten sozialen Gefüges ungeheuer dynamisch. Die Tatsache, daß jeder auf seinem Gebiet alle seine Fähigkeiten mobilisiert, um seine Arbeit gut zu machen, kommt auch der kollektiven Anstrengung zugute. Die Tatsache schließlich, daß jeder sich persönlich durch das Engagement der anderen motiviert fühlt, verstärkt die Zusammenarbeit in der inneren Organisation der Unternehmen.

In allen sozialen Schichten besteht der Wunsch, „sein Bestes zu geben". Der Mann, der in einer Wohnsiedlung als Heizer angestellt ist und seine Tage damit verbringt, Kohlen in den Ofen zu schieben, verkündigt mit Stolz, daß er abends „studiert", um die Prüfung als Heizermeister abzulegen. Hat er Erfolg, wird er fortfahren, die Heizkessel in gleicher Weise weiterzubedienen – aber in der Genugtuung, „es im Leben zu etwas gebracht zu haben". Voll Bewunderung berichtet eine Zeitschrift über den Fall jenes Kuhmelkers, der die Prüfung zum „Melkermeister" abgelegt hat, aber weiterhin für einen Hungerlohn beim selben Bauern arbeitet. Solche Verhaltensweisen, die Fremden lächerlich erscheinen, werden von den Deutschen als völlig normal angesehen: man darf nicht einrosten, man darf nicht darauf verzichten, seine Möglichkeiten bis zum Ende auszuschöpfen. Ein Kuhmelker, der den Meister macht, erwirbt in den Augen der Deutschen ebenso große Verdienste wie der Wissenschaftler, der hartnäckig auf der Suche nach einer neuen Formel ist, oder der Chef eines Unternehmens, der sein Geschäft vergrößert. In allen drei Fällen handelt es sich um dieselbe Manifestation des *Strebens*.

Für die Deutschen ist nicht die Konzeption, sondern die Realisierung das interessanteste Stadium eines Projekts. Sie wenden sich nicht von einer Unternehmung ab, weil deren „amüsanter" Teil – das heißt die eigentliche Idee, die Gestaltung und Inszenierung – beendet ist, und der schwierige und ermüdende Teil der Arbeit beginnt – die Herstellung des Produkts. Im Gegenteil, vor allem bei der praktischen Umsetzung der Idee zeigt der Deutsche, was er kann, weil er dann alle Ressourcen seiner Vitalität einsetzen und sich auf seinen hervorragenden methodischen Geist stützen kann. Der Deutsche glaubt, daß ein Produkt, ebenso wie die menschliche Existenz, niemals „endgültig“ ist. Man muß sich immer wieder mit ihm beschäftigen bis es einen Grad, wenn nicht der Perfektion, so doch der größtmöglichen Annäherung an die Perfektion erreicht hat. Die sehr gute Qualität der deutschen industriellen und handwerklichen Erzeugnisse und, allgemeiner gesagt, der deutschen Arbeit erklärt sich aus dieser „dynamischen“ Arbeitsauffassung.

Das Streben – niedere Ebene

Naturgemäß ist das *Streben* darauf ausgerichtet, bis zum Unendlichen vorzustoßen. Es ist daher per definitionem zum Scheitern verurteilt. In seinem Buch *Der häßliche Deutsche* zeigt Rolf Breitenstein, daß Gefühle der Enttäuschung und Frustration entstehen, die man kaum zu beherrschen und noch weniger ganz allein zu bewältigen vermag, wenn es dem Willen nicht gelingt, die Realität zu meistern – was immer eintritt, wenn man zu hohe oder zu weit entfernte Ziele ins Auge faßt. Das erklärt, warum die Deutschen so dringend Sündenböcke brauchen, die sie für ihre Mißerfolge verantwortlich machen und an denen sie ihren Zorn ablassen können. Wenn das *Streben* auf irgendwelche Schwierigkeiten stößt, ist es immer „der Andere“, der Schuld hat.

Die Deutschen haben im allgemeinen nicht viel Sinn für Nuancen. Für Leute, die sich durch das *Streben* zum Absoluten hingezogen fühlen, sind Zwischenstadien in der Tat von geringer Bedeutung. Sie sehen nicht die Details, sondern das Ganze, sie bleiben nicht auf den Zwischenstufen, sondern erst am Ende des Weges stehen, und sie machen keine spitzfindigen Unterscheidungen, was wünschenswert wäre und was nicht. Sie tendieren dazu zu übertreiben. Wo soll man innehalten? Wann fortfahren? Bis zu welchem Punkt darf man gehen?

Das sind Fragen, deren Beantwortung den Deutschen nicht leicht fällt. Da das *Streben* dazu führt, in einer Welt ohne Grenzen zu leben, gibt es diese auch nicht für die Gefühle.

Normalerweise wird das *Streben* von der Vernunft kontrolliert und von Prinzipien (der Ordnung, dem Ernst, der Organisation, der Genauigkeit usw.) in Bahnen gelenkt, in denen es wirksam werden kann, ohne Schaden anzurichten. Aber manchmal erweist es sich als stärker, als die von der Gesellschaft errichteten Hemmschwellen. Es geht dann über die Grenzen hinaus, in welche diese es eingeschlossen hat. Wenn solche Schranken erst einmal niedergerissen sind, dann ist es durch nichts mehr aufzuhalten. Auf diese Weise ist jeder Deutsche mehr oder weniger von Maßlosigkeit bedroht, in seinen Verhaltensweisen, in seinen Gefühlen und in seinem Denken. Jeder trägt das Risiko in sich, eines Tages zu weit zu gehen.

Der Hang zum Grandiosen ist bei den Deutschen stark entwickelt und verwandelt sich leicht in Gigantomanie. Nicht umsonst ist der „Konzern" – jene exzessive, aber besonders effiziente ökonomische Konzentration – in Deutschland erfunden worden und konnte dort seine größten Erfolge verbuchen. Und es ist auch kein Zufall, daß der Schöpfer des *Gesamtkunstwerks* – jener Kunstform, die die Dichtung, Musik, Politik, Philosophie und Mythologie einschließt – ein Deutscher ist (Richard Wagner). Bei vielen Deutschen läßt sich ein Drang zur Universalität beobachten, aber in gewisser Weise auch das Bedürfnis, eine andere, vollkommenere Welt zu errichten, als die, in der sie leben.

Die Maßlosigkeit, die aus dem *Streben* hervorgeht und ständig von ihm genährt wird, driftet von einem bestimmten Moment an ins Irrationale ab. Dann befindet man sich in einem Universum, in dem die normalen Gesetze außer Kraft gesetzt sind, in dem der Ehrgeiz und die Begierden sich zügellos austoben. Die Unersättlichkeit wird dermaßen übermächtig, daß selbst der Überlebenstrieb nicht mehr in der Lage ist, Schranken zu errichten, die stark genug sind, um ihr Wüten in Zaum zu halten. Die in ihrer Maßlosigkeit wahnsinnigste Unternehmung, die Eroberungen Hitlers, hat gewissermaßen auf „normale" Art und Weise begonnen: mit der Annexion Österreichs und der Zerschlagung der Tschechoslowakei, die vom Rest der Welt politisch geduldet wurden. Statt sich mit seinem geographisch nun hervorragend konsolidierten *Reich* zu begnügen, stürzte sich Deutschland gierig in das Abenteuer der Eroberung Europas – wobei selbst ein nicht sehr intelligenter Kopf vorhersehen konnte, daß diese in einem Desaster enden würde. Polen, Frankreich, Belgien, die Niederlande, Dänemark, Norwegen, die Hälfte Rußlands, den Balkan und andere zu verschlingen und dabei zu glauben, diese Eroberungen verdauen zu können, war schlicht und einfach Größenwahn. Wenn das *Streben* ein solches Ausmaß angenommen hat, nimmt es sogar seine eigene Vernichtung in Kauf.

Das tragischste Beispiel dieses Selbstvernichtungstriebs ist der „totale Krieg", den Goebbels zu einem Zeitpunkt verkündete, als der Kampf für Deutschland schon verloren war. Noch zwei Jahre kämpften die Deutschen erbittert weiter, in einer absurden Form phänomenaler Selbstzerstörung. Einige Wochen vor dem Ende, am 19. März 1945, gab Hitler sogar den Befehl, alle zivilen und militärischen Einrichtungen in Deutschland zu zerstören – in einem Wort, die ökonomische Infrastruktur des Landes zu ruinieren. Als Speer ihn nach dem Sinn einer so furchtbaren Maßnahme fragte, antwortete er:

> „Wenn der Krieg verlorengeht, wird auch das deutsche Volk verloren sein. Es ist nicht notwendig, auf die Grundlagen, die das deutsche Volk zu seinem primitivsten Weiterleben braucht, Rücksicht zu nehmen. Im Gegenteil ist es besser, selbst diese Dinge zu zerstören. Denn das Volk hat sich als das schwächere erwiesen, und dem stärkeren Ostvolk gehört ausschließlich die Zukunft. Was nach diesem Kampf übrigbleibt, sind ohnehin nur die Minderwertigen, denn die Guten sind gefallen".

Und kurze Zeit vorher sagte er zu einem seiner Adjutanten:

„Wir kapitulieren nicht, niemals. Wir können untergehen. Aber wir werden eine Welt mitnehmen."

Kapitel VI

Die Unruhe

Wie das *Streben* entstammt die deutsche *Unruhe* der Tiefe des kollektiven Bewußtseins. Man kommt nur selten mit einem Deutschen in Kontakt, ohne daß sie sich in irgendeiner Form manifestiert. Der Körper bleibt unbeweglich, die Stimmung gelassen. Aber unter der Oberfläche erahnt man häufig Spannungen, die eine unbekannte, aus Fragen, Zweifeln und verborgenen Begierden bestehende Welt erkennen lassen. Die *Unruhe* ist ebenso unkontrollierbar und zwanghaft wie das *Streben.* Die Deutschen nehmen sie hin, ohne sie als abnorm zu empfinden, aber gleichzeitig wissen sie sehr wohl, daß sie ihnen im Laufe der Geschichte schon böse mitgespielt hat: wenn der Seele die Ruhe fehlt, ist sie unheilvollen Einflüssen ebenso ausgeliefert wie ein fiebergeschüttelter Körper allen möglichen Krankheitskeimen. Auf diese Weise sieht sich der Deutsche manchmal weitergetrieben, als er ursprünglich wollte, und in eine Richtung, die nicht unbedingt gut ist.

Die Deutschen fühlen sich immer „auf dem Sprung" und sind ständig dabei, „ihr Bündel zu schnüren", um zu einem „anderswo" aufzubrechen, das man nie genau definieren kann. Dank dieser Eigenschaft ist der Deutsche offen für Tat und Urteil. Im Gegensatz zu dem, was man gemeinhin glaubt, ist er lediglich in den Gewohnheiten seines Alltags- oder Familienlebens und in seinen Traditionen unbeweglich. Durch den Rhythmus der Jahreszeiten, die regelmäßige Wiederkehr der Feste und die Kontinuität seiner Lebensumstände wähnt er sich in Sicherheit – das verschafft ihm die geistige Ruhe, ohne die er nicht effizient arbeiten kann. Darüber hinaus jedoch zeichnet ihn eine lebhafte intellektuelle Neugier aus, und er kann sich sogar, wenn die Situation es erfordert, in bemerkenswerter Weise an neue Gegebenheiten anpassen. Die Unfähigkeit zu improvisieren, die man ihm im Ausland gern zuschreibt, ist eines jener Klischees, die sich hartnäckig am Leben halten. Ganz im Gegenteil kann er eine große geistige Mobilität und viel Phantasie an den Tag legen. Das erlaubt ihm nicht nur, völlig neue Situationen schnell und unvorbereitet zu erfassen, sondern auch Neuheiten und neuen Erfahrungen gegenüber aufgeschlossen zu sein. Er ist immer bereit, sich auf geistige Abenteuer einzulassen, steht immer für wissenschaftliche Forschungen zur Verfügung und liegt immer auf der Lauer nach echten Entdeckungen.

Die Unruhe – gehobene Ebene

Wenn die *Unruhe* kontrolliert wird, wird sie zur Dynamik. Das ist ein Merkmal, das die meisten Deutschen auszeichnet: die Bewegung wird als Wert an sich angesehen, der zum Fortschritt der Menschheit beiträgt. Der Deutsche hat das Bedürfnis zu handeln und sich zu bewegen. Er pendelt ständig zwischen den beiden Hauptpolen seines Seelenlebens – Konservatismus und Dynamismus – hin und her und vermeidet auf diese Weise, daß einer der beiden die Oberhand gewinnt. Der Wechsel ist daher für ihn ein ausgleichender Faktor, wenn nicht sogar ein Moment des Wohlbehagens.

Diese *Unruhe*zustände, die sich im Leben des deutschen Volkes summieren, rufen keineswegs, wie man meinen könnte, ein Chaos hervor, sondern ein Brodeln, aus dem neue geistige Strömungen, Initiativen aller Art und auch Synergien hervorgehen. Durch Räderwerke und Treibriemen, die sich im Laufe der Jahrhunderte gebildet haben, dringt die individuelle *Unruhe* innerhalb des sozialen Gefüges immer weiter vor, verbindet sich mit anderen individuellen Unruhezuständen und bildet mit ihnen eine stärkere Strömung, die sich ihrerseits mit ihresgleichen verbindet. Die Bewegung breitet sich so aus und wird immer mächtiger, bis sie schließlich zu einer Turbulenz wird, von der die gesamte Nation zehrt. Im Ausland fürchtet man die deutsche *Unruhe* weniger wegen ihrer manchmal perversen Folgen als vielmehr aufgrund ihrer geheimnisvollen und daher beunruhigenden Aspekte. Man sieht in ihr eine finstere und mächtige Kraft, die sich der rationalen Analyse entzieht. Meistens ist sie jedoch völlig harmlos und regt nur den deutschen Genius an, einerseits indem sie ihm etwas von seiner Steifheit nimmt, andererseits indem sie ihn mit mannigfaltigen intellektuellen Gärungsstoffen versieht.

Das *Wandern* ist zweifellos das beste Symbol der deutschen *Unruhe. Wandern* bedeutet Reisen – aber zu Fuß, das heißt so, daß man die Bewegung physisch erlebt und empfindet. Man durchstreift die Felder, Wiesen und Wälder in engem Kontakt mit der Natur, die auf diese Weise menschliche Dimensionen erhält. Durch die neuen Eindrücke, die so gesammelt werden und die gesunde Müdigkeit, die der Fußmarsch bewirkt, bekommen diese Wanderungen ihren eigentlichen Wert. An einem heißen Sommertag aus frischen Quellen zu trinken, auf seiner Haut die Liebkosung des Windes und der Sonne zu fühlen, munteren Schrittes malerische Landschaften zu durchstreifen, Gerüche von Blumen und Bäumen zu schnuppern, dem Zwitschern der Vögel und dem Gemurmel der Bäche zu lauschen – kurz, sich in einem angenehmen und freundlichen Rahmen zu bewegen, das sind Vergnügungen, für die die Deutschen eine besondere Vorliebe haben.

Das *Wandern* als Freizeitgestaltung ist eine Quelle der Freude *(Das Wandern ist des Müllers Lust* – ein Schubertlied, das zum sentimentalen Gepäck jedes Deutschen gehört), aber auch ein Mittel, sich von der Last des Alltags und den drückenden Verpflichtungen zu befreien, die das eintönige, trostlose Leben der meisten Menschen bestimmen. Die *Unruhe* wird somit für die Angehörigen dieses Volkes von *Wanderern* ein einfaches, billiges und ungefährliches Mittel, sich zumindest teilweise dem zu entziehen, was sie bedrückt.

Nirgendwo wird dieses Bedürfnis zu reisen und die Faszination der großen weiten Welt, mit den Freuden, aber auch leidvollen Erfahrungen, die sie mit sich bringen, besser dargestellt als in Josef von Eichendorffs *Taugenichts.* Das ist die amüsante und zugleich erbauliche Geschichte eines jungen Mannes aus dem Volke, dem Sohn eines Müllers, der sich, getrieben von seiner inneren *Unruhe,* entschließt, sein Dorf zu verlassen, um anderswo Reichtum, Glück und Liebe zu suchen. Nach zahlreichen phantastischen Abenteuern, die alle typischen Merkmale der Gattung und der Epoche aufweisen (geheimnisvolle Personen, zufällige Begegnungen, glückliche Zufälle, alte Schlösser, richtige oder falsche Gräfinnen, Postkutschen, Vollmondnächte, Verwechslungen usw.), erreicht unser Held schließlich, was er von Anfang an gesucht hat: die Glückseligkeit in den Armen seiner Geliebten und den Seelenfrieden.

Die gesamte Geschichte hindurch wird er getrieben von einer geheimnisvollen Macht, die ihn daran hindert, irgendwo seßhaft zu werden. Das berühmte Lied *Wem Gott will rechte Gunst erweisen, den schickt er in die weite Welt,* das er singt, als er seinem Heimatort, Symbol der Routine und Langeweile, endgültig den Rücken zukehrt, gibt gleich auf der ersten Seite den Ton an:

„Die Trägen, die zu Hause liegen,
Erquicket nicht das Morgenrot,
Sie wissen nur vom Kinderwiegen,
Von Sorgen, Hast und Not um Brot."

Der Taugenichts ist wild entschlossen, dieses Schicksal nicht über sich ergehen zu lassen: „So will ich in die Welt gehen und mein Glück machen."

Der Taumel, den diese ständige Flucht nach vorn auslöst, wird manchmal begleitet von einem durch die zahlreichen Möglichkeiten, die sich ihm eröffnen, ausgelösten Gefühl der Bedrückung:

> „Nicht weit von mir teilte sich die Landstraße in viele neue Landstraßen, die gingen weit, weit über die höchsten Berge fort, als führten sie aus der Welt hinaus, so daß mir ordentlich schwindelte, wenn ich recht hinsah."

Aber jedes Mal, wenn ihn die Versuchung überkommt, irgendwo Wurzeln zu schlagen, treibt die *Unruhe* ihn zurück auf die Straße:

> „Mich packte da auf einmal wieder meine ehemalige Reiselust: alle die alte Wehmut und Freude und große Erwartung."

In diesem Zustand macht er sich ohne ein genaues Ziel, ja sogar ohne darüber nachzudenken, wohin er gehen soll, auf den Weg:

> „Ich rannte, ohne an die verschiedenen Wege zu denken, auf der Straße fort, die mir eben vor die Füße kam."

„Was der Mensch doch nicht alles erfährt, wenn er sich einmal hinterm Ofen hervormacht!", entfährt es ihm eines Tages. Aber das ist kein einfaches Unterfangen. Die *Unruhe* setzt in der Tat eine unaufhörliche Konfrontation mit äußeren Gefahren voraus und zieht schmerzliche Seelenzustände nach sich. Wenn es des Mutes bedarf, sein bequemes Nest zu verlassen, so bedarf es eines noch viel größeren, der Versuchung zu widerstehen, dorthin zurückzukehren, ohne all die Prüfungen bestanden zu haben, die das Leben einem bereithält. Man muß schon ein gestandener Kerl sein, um, ohne zu wanken, die Bilder ertragen zu können, die dem Taugenichts schon nach einigen Meilen in den Sinn kommen:

> „Da fiel mir erst wieder mein Dorf ein und mein Vater und unsere Mühle, wie es da so heimlich kühl war an dem schattigen Weiher, und daß nun alles so weit, weit hinter mir lag."

Von diesem Augenblick an wird ihn das Gefühl, nirgendwo zu Hause zu sein, nicht mehr loslassen:

> „Jeder hat sein Plätzchen auf der Erde ausgesteckt, hat seinen warmen Ofen, seine Tasse Kaffee, seine Frau, sein Glas Wein zu Abend und ist so recht zufrieden . . . Mir ist's nirgends recht. Es ist als wäre ich überall eben zu spät gekommen, als hätte die ganze Welt gar nicht auf mich gerechnet."

Als er einen Kuhhirten friedlich im Gras liegen sieht, wird dem Taugenichts plötzlich das harte Los bewußt, das denjenigen vorbehalten ist, die die *Unruhe* zu steten Veränderungen zwingt:

> „Ja, dachte ich bei mir, wer es so gut hätte wie so ein Faulenzer! Unsereiner muß sich in der Fremde herumschlagen und immer attent sein."

Und der Tag kommt, an dem das Leiden unerträglich wird und das Heimweh alle anderen Empfindungen hinwegfegt:

> „Da kam mir die Welt auf einmal so entsetzlich weit und groß vor und ich so ganz allein darin, daß ich aus Herzensgrunde hätte weinen mögen."

In seinem Innersten blüht die Liebe zum Vaterland wieder auf („Grüß dich, Deutschland, aus Herzensgrund!", „Vivat unser kühlgrüns Deutschland da hinter den Bergen!"), und was er bewundert hatte, jenes utopische Italien, wo er so vielen Chimären nachgejagt war, läßt er ohne das geringste Zaudern hinter sich:

> „Ich nahm mir nun fest vor, dem falschen Italien (. . .) auf ewig den Rücken zu kehren, und wanderte noch zur selbigen Stunde zum Tore hinaus."

So führt die *Unruhe* den Reisenden letzten Endes zu seinem Ausgangspunkt zurück. Nachdem er alle möglichen Prüfungen bestanden hat, nachdem er die Welt kennengelernt hat, kommt er nach Hause zurück, reifer, weiser und auch ruhiger, um schließlich zum inneren Frieden zu gelangen. Die Geschichte nimmt natürlich ein gutes Ende. Er findet seine Heimat, seine Geliebte, seine Beschäftigung wieder und – das sind die letzten Worte des Taugenichts – *es war alles, alles gut* – die Ordnung ist vollständig wieder hergestellt.

Die Unruhe – praktische Ebene

Auf der praktischen Ebene äußert sich die deutsche *Unruhe* durch die Lust am Reisen. Sie haben nie Sitzfleisch gehabt und haben es auch heute nicht. Kein anderes Volk macht so viele Reisen, und keines ist mit solchem Eifer bei der Sache. Zwei Drittel der Deutschen verreisen einmal im Jahr und mehr als die Hälfte von ihnen ins Ausland. Man macht häufig „Aktivurlaub“, das heißt, man widmet sich bewußt Tätigkeiten (Sport, Archäologie, handwerklichen oder künstlerischen Interessen usw.), mit deren Hilfe der Urlauber seine Kenntnisse auf persönlichem, kulturellem oder beruflichem Gebiet erweitern will. Viele versuchen, sich gründlich mit dem Land, das sie besuchen, zu beschäftigen und Sitten und Mentalität seiner Bewohner kennenzulernen. Man will lernen und vergleichen können. Das Reisen ist daher für den Deutschen ein geistiges Abenteuer, aus dem er mit neuen Kräften hervorzugehen gedenkt: sich auf neue Dinge einzustellen, ist für ihn eine Möglichkeit, die Kenntnisse, über die er schon verfügt, zu festigen und zu perfektionieren.

Das Auto ist sicherlich das Transportmittel, das besonders gut zum Temperament des Deutschen paßt. Er fühlt sich in einem soliden Gehäuse sicher geborgen und kann sich zugleich nach seinem eigenen Gutdünken vorwärtsbewegen. Die Soziologen und Psychologen, die das Verhalten der Straßenbenutzer untersucht haben, haben das Bild des typischen Autofahrers entworfen, das für alle Länder gültig ist. In Deutschland muß man diesem aber sicherlich ein besonderes Element hinzufügen: man fährt nicht nur zum Vergnügen, sondern aus einer inneren Notwendigkeit. Obwohl das Land klein ist, fährt der deutsche Autofahrer sehr viel mehr als beispielsweise sein französischer Kollege und legt auf jeden Fall deutlich mehr Kilometer zurück, als es für seine Berufstätigkeit und seine Freizeitgestaltung erforderlich wäre. Häufig ist er ohne bestimmte Absicht oder unter nichtssagenden Vorwänden unterwegs („irgendwo eine Tasse Kaffee trinken"), die Ausländern völlig unverständlich erscheinen. Die *Unruhe,* die ebenso Ungeduld wie Bewegungsdrang ist, treibt ihn im übrigen dazu, sehr schnell zu fahren, und zwar mit einer fast frenetischen Brutalität, die sich nur aus einem starken inneren Zwang erklären läßt. Da man sich „woanders" hinbegeben „muß", erträgt man es schwer, daß Hindernisse diesen Bewegungsdrang hemmen. Selbst wenn sie es nicht wirklich eilig haben, jagen viele Deutsche mit Hupen oder Blinken die Autos vor sich her, die sich in gemächlicherem Tempo auf ihrer Fahrspur bewegen.

Die *Unruhe* führt fast zwangsläufig zur Aktion und bereichert deshalb das Verhalten der Deutschen auf der praktischen Ebene. Die Vorliebe für das Agieren findet sich in allen gesellschaftlichen Bereichen wieder. Von klein auf wird der Deutsche in diesem Sinne erzogen. Sprichwörter bringen ihn zu der Überzeugung, daß es sich lohnt, aktiv zu sein *(sich regen, bringt Segen).* Die Klassiker, die er in der Schule liest, lehren ihn, daß „Tätigkeit der wahre Genuß des Lebens" ist (Schlegel). Wenn Goethes Faust das Johannesevangelium ins Deutsche übersetzt, schreibt er nicht „Am Anfang war das Wort", sondern „Am Anfang war die Tat".

Diese ständige und allgemeine Aktivität bereichert die deutsche Wirtschaft und fördert den Wettstreit in den Unternehmen ebenso, wie im Zusammenleben der Individuen.

Geprägt von diesem Klima und geplagt von seiner inneren Unruhe hat der Deutsche nach und nach einen ziemlich ausgeprägten Aggressionsinstinkt entwickelt. Im Krieg wie in der

Geschäftswelt ist er ein geborener Angreifer, der selbst mit dem Rücken zur Wand noch gefährlich werden kann. Wenn er sich in der Offensive dermaßen wohl fühlt, sei es auf militärischem oder geschäftlichem Gebiet oder einfach im alltäglichen Verhalten, so deswegen, weil diese mit seinen tiefsten inneren Trieben übereinstimmt.

Die Unruhe – niedere Ebene

Untätigkeit setzt der deutschen Psyche hart zu. Die meisten Deutschen sind unfähig, zur inneren Ruhe zu finden, und rastlos wollen sie sich selbst beweisen, wie tüchtig sie sind, indem sie immer wieder versuchen, die Dinge zu verbessern. Das kann zu einer Zwangsvorstellung werden, die eine noch größere *Unruhe* auslöst, ein Teufelskreis, den sie niemals und durch nichts zu durchbrechen vermögen. Oft versuchen sie das Gefühl der Nichtigkeit, das sie angesichts der Ungewißheiten der Existenz empfinden, durch einen Aktivismus zu kompensieren, dessen Objekt sich je nach Stimmung oder politischer Aktualität verändert. Das Wesentliche ist für sie, daß sie ihrer *Unruhe* eine Rechtfertigung und ein Ziel geben.

In den meisten Ländern ist Ruhe die Normalsituation, die von Zeit zu Zeit durch heftige Erschütterungen (zum Beispiel in Frankreich: 1789, 1848 die Kommune, Mai 1968) gestört wird. Deutschland hingegen befindet sich in einem unruhigen Dauerzustand. Man ist ständig damit beschäftigt, für oder gegen etwas zu demonstrieren. Gleichgültig ob diese Demonstrationen gewalttätig oder friedlich sind, bringen sie manchmal unglaubliche Massen auf die Beine, lösen aber selten politische Umwälzungen aus. In gewisser Weise trägt eine Demonstration ihre Daseinsberechtigung in sich, da sie die *Unruhe,* die in jedem Teilnehmer herrscht, gleichzeitig entfacht, unter Feuer hält und wieder zum Erlöschen bringt. Wenn er dann nach Hause zurückgekehrt ist, haben auch alle anderen Dinge zur Ordnung zurückgefunden und die Normalität gewinnt wieder die Oberhand – bis zum nächsten Fieberschub.

Diese Demonstrationen sind für die öffentliche Ordnung und die sozialen Strukturen weit weniger gefährlich als die leidenschaftlichen, manchmal von ideologischen Überlegungen bestimmten und alles hinwegfegenden Ausbrüche in anderen Ländern. Im Grunde genommen wollen die Deutschen weniger die Welt verändern als ein inneres Feuer löschen. Als Sklaven ihrer *Unruhe* verfügen sie niemals wirklich über den Seelenfrieden, den sie bräuchten, um sich des Erworbenen zu erfreuen und das zu konsolidieren, was sie manchmal nur mit verbissenem Eifer erreichen konnten. In einer berühmten Passage beschreibt Hölderlin im *Hyperion* das traurige Schicksal der Menschheit, die nirgendwo Ruhe findet:

> „Doch uns ist gegeben
> Auf keiner Stätte zu ruhen.
> Es schwinden, es fallen
> Die leidenden Menschen
> Blindlings von einer
> Stunde zur Anderen,
> Wie Wasser von Klippe
> Zu Klippe geworfen,
> Jahrelang ins Ungewisse hinab."

Auf kein Volk trifft dies besser zu als auf die Deutschen!

Kapitel VII

Die Energie

Um das *Streben* zu nähren und die *Unruhe* zu erhalten, bedarf es einer ungewöhnlichen Energie. Es steht außer Frage, daß die Deutschen reich damit gesegnet sind. Dabei handelt es sich um eine Energie im Rohzustand, die mitreißt und zu großen Leistungen befähigt. Sie ist nicht, wie gewisse andere deutsche Eigenschaften, abschreckend. Tatsächlich wirkt sie eher ein wenig tolpatschig und gutmütig, mit anderen Worten, um so weniger gefährlich, als sie sich manchmal zu verzetteln scheint. Aber sobald sie sich auf einen bestimmten Punkt konzentriert, entwickelt sie die Fähigkeit, sich einen Weg durch die hartnäckigsten Widerstände zu bahnen. Scharf und wirkungsvoll, gleichgültig gegenüber Zerstörungen, die sie ganz nebenbei anrichtet, bildet sie dann eine fürchterliche Waffe.

Beim Durchschnittsdeutschen manifestiert sie sich auf friedfertigere, aber nicht weniger spektakuläre Weise. Er entfaltet häufig eine intensive Aktivität, die eine große physische Verausgabung, Organisations- und Koordinationstalent, Unternehmungsgeist und Schwung zugleich erfordert. Ein typischer Deutscher arbeitet hart den ganzen Tag über, geht einmal in der Woche zum Kegeln, singt in einem Chor, versorgt sein Haus und pflegt seinen Garten, nimmt am Leben der Kirchengemeinde teil, trifft sich regelmäßig mit seinen Freunden, um Skat zu spielen, fährt sonntags mit seiner Frau und seinen Kindern spazieren, betrinkt sich von Zeit zu Zeit, setzt sich auf kommunaler Ebene für die Verschönerung seines Stadtviertels ein, liest Zeitungen und sieht fern, hält sich über die letzten Neuigkeiten, die sich in seinem Beruf tun, auf dem laufenden, demonstriert für die Umwelt – und hat dennoch nie das Gefühl, überlastet zu sein! Fröhlich, unermüdlich und unerschöpflich widmet er sich all diesen Dingen und hat damit noch nicht genug. Wie machen sie das nur, wo finden sie Zeit und Kraft dafür? fragen sich die Ausländer manchmal.

Er schafft das alles weder durch ein Wunder noch mit Hilfe eines Zaubertranks. Die Erklärung liegt zunächst darin, daß die Deutschen nicht unbedingt das Gefühl haben, sich besonders anzustrengen, wenn sie bestimmte Arbeiten erledigen oder sich bestimmten Aktivitäten widmen. Ihre Belastungsfähigkeit ist auf jeden Fall ungewöhnlich groß: aufgrund ihrer großen Vitalität ist die Schwelle, von der aus eine physische oder intellektuelle Beschäftigung als mühselig empfunden wird, sehr hoch. Sie haben nur selten den Eindruck, alle ihre Kräfte zu mobilisieren oder auf ihre Reserven zurückgreifen zu müssen.

Darüber hinaus besteht auf allen Ebenen, im Beruf ebenso wie in der Freizeit, ein gewisser Spaß an der Betriebsamkeit. Wenn man es nämlich als Vergnügen empfindet, aktiv zu sein, kann man die damit verbundene Mühe sehr viel leichter ertragen und selbst die Anhäufung von aufeinanderfolgenden Belastungen wird nicht als Streß empfunden.

Schließlich ist von Bedeutung, daß die Deutschen einen intensiven Tatendrang entfalten. Diese Eigenschaft macht sie zu Arbeitern eines ganz besonderen Typs: obwohl sie die Arbeit als solche nicht mehr als andere mögen, verlangen sie geradezu nach ihr, wenn sie in Form einer interessanten oder bereichernden Tätigkeit erscheint, und entledigen sich ihrer dann in einer Art von Hochstimmung.

Der Deutsche beklagt sich kaum einmal über zu viel Arbeit. Im Gegenteil, seine *Energie* findet in ihr ein Betätigungsfeld, auf dem sie sich austoben kann, und er selbst benutzt sie als Gelegenheit, seine Kräfte zu verausgaben und seine Geschicklichkeit unter Beweis zu stellen. „Ich bin im Augenblick todmüde", „ich schufte wie ein Tier", „ich ersticke zur Zeit in Arbeit" – Formulierungen dieser Art wird man aus dem Munde eines Deutschen nur selten hören. Würde jemand sie im Gespräch mit Freunden, Kollegen oder Bekannten verwenden, würde er Erstaunen, Unverständnis und sogar Mißbilligung hervorrufen, denn ein Mensch, der nicht in der Lage ist, seine Arbeit in den Griff zu bekommen und so zu organisieren, daß sie für ihn menschliche und somit erträgliche Dimensionen behält, kann nur ein „schlechter" Mitarbeiter oder ein „unfähiger" Chef sein.

Die Energie – gehobene Ebene

Es wird in Deutschland nicht besonders geschätzt, wenn ein Erwachsener anders über seine Arbeit spricht, als mit der Absicht, sie in ein positives Licht zu rücken: ihre Bedeutung, ihren Nutzen, ihre Notwendigkeit usw. Ihre unangenehmen oder negativen Seiten werden zwar wahrgenommen, aber niemals hervorgehoben. Man betrachtet diese als Hindernisse, vergleichbar zum Beispiel mit technischen Schwierigkeiten, die ebenfalls nur dazu da sind, um gemeistert zu werden. Sie verdienen es nicht, daß man sich lange mit ihnen aufhält.

Beim Deutschen ist die Hartnäckigkeit ein treuer und wertvoller Verbündeter der *Energie.* Er versteht nicht, daß man von einer Sache zur nächsten springen kann, ohne die erste endgültig erledigt zu haben. Er verschwendet seine *Energie* nie, indem er sich mehreren Unternehmungen zugleich widmet, sondern konzentriert sie auf eine klar umrissene Aufgabe, und wenn diese beendet ist, auf eine andere und so fort. Indem er es vermeidet, sein Kapital an *Energie* zu verschleudern, mehrt er ihren Ertrag.

Es versteht sich von selbst, daß ein solches Verhalten große intellektuelle Schärfe und Disziplin erfordert. Energische Leute verzetteln sich häufig bei ihren Anstrengungen, weil ihre Vitalität sie dazu treibt, viele Dinge gleichzeitig zu unternehmen. Diese Art der Inkohärenz im Handeln kommt bei den Deutschen nur selten vor. Es gelingt ihnen verhältnismäßig leicht, der Versuchung zu widerstehen, eine schwierige und harte Tätigkeit zugunsten einer anderen leichteren und angenehmeren aufzugeben. Der Vorteil ist, daß es bei ihnen nur wenig „Ausschuß“ gibt: der Substanzverlust – beim Konzipieren, beim Arbeitseinsatz, bei den finanziellen Investitionen – ist auf ein Minimum reduziert, was für die Wirtschaft des Landes und das allgemeine Funktionieren des Staatsapparates ein wertvolles Kapital darstellt.

Wenn die *Energie* der Deutschen höheren Aufgaben zugute kommt, ist ihr „Ertrag“ noch viel beeindruckender, weil sie dann mit Absicht eingesetzt wird. Wenn die Deutschen sich für ein Ideal engagieren, wissen sie, daß dies alle ihre Kräfte in Anspruch nimmt. Sie sind mit Leib und Seele dabei, ohne jemals mit ihren Anstrengungen hauszuhalten. Ihre Opferbereitschaft ist grenzenlos und kann bis zur Selbstaufgabe gehen.

Die Energie – praktische Ebene

Die *Energie* befähigt einen Menschen zu arbeiten, ohne daß er das Gefühl hat, sich abzuplagen. Wer, wie der Deutsche, über viel *Energie* verfügt, arbeitet nicht notwendigerweise mehr als derjenige, der damit nur durchschnittlich ausgestattet ist, aber er arbeitet mit mehr Schwung und vor allem mit mehr Optimismus. Seine geistige Aufgeschlossenheit ist größer und sein Blick ausgerichtet auf den Erfolg. Dynamisch nimmt er Projekte in Angriff, mit Entschlossenheit setzt er sie in die Tat um und mit der Genugtuung, seine Pflicht erfüllt zu haben, führt er sie zu Ende. Die Qualität der geleisteten Arbeit kann unter diesen Umständen nur ausgezeichnet sein. Da der Mißmut und das Gefühl des „Der-kann-mich-mal“ beim deutschen Arbeiter wenig entwickelt ist, ist das „Produkt“, das er herstellt, notwendigerweise nicht mit großen Mängeln behaftet. Das ist eine der Erklärungen für die gute Qualität des „Made in Germany“.

Der Deutsche ist arbeitsam und leistungsfähig, aber auch unternehmungslustig. Ein deutscher Unternehmer, und sei er noch so klein, zögert nie, Risiken einzugehen. Er stürzt sich in ehrgeizige Vorhaben, versucht sich zu vergrößern oder seine Aktivitäten zu diversifizieren, erschließt neue Märkte und erweitert die Palette seiner Erzeugnisse. Der leitende Angestellte identifiziert sich weitestgehend mit dem Schicksal seines Unternehmens und ist ihm zu Dienste, als ob es das Seine wäre, der Werkmeister führt Neuerungen im Produktionsprozeß ein, und der Arbeiter schließlich analysiert seine Arbeit, um sie zu verbessern und mit größerer Befriedigung und Stolz durchführen zu können. Auf allen Ebenen fühlt sich der Deutsche direkt beteiligt und verhält sich dementsprechend. Da seine Energie ihn antreibt, es noch einmal zu versuchen, wenn ein Projekt gescheitert zu sein scheint, beißt er sich fest, bis er sein Ziel erreicht hat.

Im Geschäftsleben, und überhaupt in allen praktischen Bereichen, ist der Deutsche ein harter Gegner, wenn man mit ihm verhandelt. Er gibt nicht so leicht auf und stimmt nur im äußersten Notfall Kompromissen zu. Er kennt keine noblen Gesten, ist weder großzügig, noch ritterlich. Er ist der Meinung, daß kein Gewinn zu gering sein kann und daß es keine belanglosen Punkte gibt: da in seinen Augen alles von Bedeutung ist, kämpft er auch um alles. Er macht keinerlei Zugeständnisse, es sei denn, es wäre in seinem eigenen Interesse. Er nutzt die geringste Schwäche, die kleinste Unaufmerksamkeit seines Gesprächspartners aus und teilt schamlos Tiefschläge aus. Wenn eine Vereinbarung über irgendein Detail nicht schriftlich festgelegt wurde, fühlt er sich nicht daran gebunden. Geschäfte werden in der Tat als Kampffeld angesehen, auf dem sich zwei Energien gegenüberstehen, von denen die stärkere den Sieg davon trägt. Aber wenn die Auseinandersetzung beendet ist, wird ihr Ausgang nicht mehr in Frage gestellt.

Die *Energie* ist oft stärker als die Ehrlichkeit. Letztere wird deshalb eher als ein juristischer Begriff denn als moralische Verpflichtung empfunden. Viele Deutsche fühlen sich nicht an eine „korrekte“ Verhaltensweise gegenüber einem anderen gebunden, solange er nicht das Recht geltend macht. Das kann manchmal zu einer wirklich unredlichen Handlungsweise führen, die überhaupt nicht zu der Vorstellung paßt, die man sich im Ausland von den Deutschen macht. Aber es genügt, an die zahlreichen „Skandale" zu denken – Korruptionsaffären, Betrügereien usw. –, die in Deutschland bekannt werden, um zu verstehen, daß diese Haltung in bestimmten Fällen einer tiefen Veranlagung entspricht.

Die Energie – niedere Ebene

Es kommt vor, daß die Deutschen durch ihre *Energie* zu einem Verhalten verleitet werden, das man nur als unheilvoll bezeichnen kann. Sie sind dann Argumenten der Vernunft oder des gesunden Menschenverstandes nicht zugänglich, selbst auf die Gefahr hin, daß sie alle Nachteile einer solchen Halsstarrigkeit ausbaden müssen.

Das geschieht vor allem dann, wenn der Deutsche im Recht ist oder zu sein glaubt. Diese Einstellung resultiert zweifellos aus dem weit zurückliegenden langen Kampf, den die Protestanten geführt haben, um ihre Religion zunächst einzuführen und dann zu konsolidieren. Da der Protestantismus jeden dazu verpflichtet, selbst die Wahrheit zu finden, wird diese deshalb um so kostbarer: an den Dingen, die man selbst geschaffen hat, hängt man in der Tat am meisten und verteidigt sie auch am leidenschaftlichsten. Im Laufe der Jahre ist aber aus dem protestantischen Rigorismus ein Legalismus geworden. Der Sinn für das Recht ist in Deutschland so stark, daß, wie Friedrich Maximilian Klinge 1797 ironisch schrieb, „die Gelehrten dieses Volkes noch im achten Jahr der Französischen Revolution untersuchten, ob die Franzosen auch ein Recht dazu gehabt haben. Hätten sie dieses ausfinden können, so hätten sie sich wahrscheinlich über die Leiden, die die Revolution zugefügt hat, getröstet." Wenn ein Deutscher im Recht zu sein glaubt, gibt er keinen Fingerbreit nach – und sollte es auch sein Leben kosten. Der berühmte Scherz: „In Deutschland sind die Friedhöfe voll von Autofahrern, die Vorfahrt hatten", entbehrt nicht einer gewissen Wahrheit: die *Energie*, die ausschließlich auf dem Gefühl, Recht zu haben, basiert, ist blind und stürzt sich unerbittlich auf alles, was sich ihr in den Weg stellt.

Die Opfer, die eine solche Einstellung möglicherweise erfordert, werden dabei nicht in Erwägung gezogen. So taucht eine andere Facette der deutschen Energie auf: die Brutalität. Unter dem Einfluß der Leidenschaften oder getrieben vom Instinkt, kann der Deutsche manchmal ohne jegliche Rücksichtnahme, mit erbarmungsloser Härte und in völliger Gleichgültigkeit gegenüber den Leiden anderer handeln. Die Brutalität mancher Deutscher läßt erstarren und versetzt in Schrecken, weil sie oft mit einer großen Intelligenz und nicht ohne Finesse einhergeht. Aber da ihnen Mitleid und Sensibilität völlig abgehen, ist selbst für die berühmte „Komplizenschaft" zwischen Henker und Opfer kein Platz mehr. In diesem Stadium verkörpert die Energie das Böse im Reinzustand, einen Akt der Negation und Destruktion.

Die Deutschen waren fasziniert von Hitler, dieser mediokren Person, die jedoch mit einem unvorstellbaren Machtwillen und einer als absolut zu bezeichnenden *Energie* ausgestattet war. Der Mythos der Stärke spielt in der Mentalität der Deutschen eine bedeutende Rolle. Wenn sie sich mit einer großen Entschlossenheit konfrontiert sehen, nehmen sie fast immer eine unterwürfige Haltung ein. Von dem, der seine Stärke zeigt, akzeptieren sie die Herrschaft, auch wenn diese despotisch sein sollte. Aber sobald sie die geringste Schwäche spüren, ändert sich ihre Haltung. Das Joch, dem sie sich, scheinbar ohne sich unterdrückt zu fühlen, unterworfen haben, wird unerträglich, aus Unterwerfung wird Auflehnung und schließlich Revolte. Wenn Hitler sich bis zum bitteren Ende halten konnte, so lag das daran, daß seine Energie niemals schwächer wurde. Die Deutschen erheben sich im Grunde genommen nicht, um ein diktatorisches, das heißt starkes Regime zu stürzen, sondern um einer schwach gewordenen Macht den Gnadenstoß zu geben.

Dritter Teil

Der Mythos des Erhabenen

Vom *Erhabenen* zum Lächerlichen ist nur ein Schritt, sagt Michelet. In bestimmten Ländern, in denen dieses Lächerliche den gesellschaftlichen Tod nach sich zieht, macht man sich einen Spaß daraus, erbarmungslos selbst in den ernstesten Reden Spuren eines schwülstigen Stils ausfindig zu machen. Wer seine Gefühle zeigt, setzt sich der Lächerlichkeit aus. Nur wenn man mit Ironie und Zynismus umzugehen weiß, kann man hoffen, nicht zum Gespött der Leute zu werden: aus Angst, sich lächerlich zu machen, gibt man sich geistreich, um nicht kitschig zu erscheinen, geht man dem Ernsten aus dem Wege.

Nicht so in Deutschland. Die Deutschen mögen den beißenden Spott nicht und vermeiden es, sich seiner zu bedienen. Auch für das Lächerliche geht ihnen das wirkliche Verständnis ab. Nichts hindert sie infolgedessen, ihre erhabenen Gefühle zur Schau zu stellen oder ihre Sensibilität vor anderen auszubreiten. Für sie hat nur Wert, was den Menschen erhebt und ihn von seiner Materialität befreit. Das *Erhabene* ist der Sieg, den der Mensch im ewigen Kampf zwischen Gut und Böse, zwischen Schönheit und Häßlichkeit, zwischen Wahr und Falsch über das Vulgäre erringt. Es gibt keinen Grund, eine schöne Seele oder einen edelmütigen Charakter zu verstecken, sich ihrer zu schämen oder sich über sie lustig zu machen. Im Gegenteil, die einzige Chance des Individuums, zu moralischer Perfektion zu gelangen, besteht darin, die Erbärmlichkeit seines Daseins durch erhabene Gefühle auszugleichen.

Goethe, Schiller und viele andere vor oder nach ihnen haben zur Entwicklung derartiger Vorstellungen beigetragen, die mit der Zeit integrierender Bestandteil der Mentalität der Deutschen geworden sind. Das *Erhabene* manifestiert sich in der Wahrheit, der Schönheit, der Freiheit, der Liebe und in der Unsterblichkeit, es bildet die höchste Stufe in der intellektuellen, ästhetischen und moralischen Ordnung und symbolisiert den Zauber, der in der Transzendenz liegt. Im *Erhabenen* ist für die Deutschen die Intensität der Gefühle so groß, daß sie manchmal in einen Zustand der Erregung versetzt werden, in dem sie die Selbstkontrolle völlig verlieren. Die Deutschen können sich daher für Dinge begeistern, die dies nicht immer wert sind. Da es nicht mehr von der Vernunft kontrolliert wird, ist ihr Unterscheidungsvermögen gestört. Sie sind die geborenen Opfer von Visionären jeglicher Art.

Für die Deutschen hat alles, was vom Herzen kommt, eine wesentlich größere Kraft und einen ganz anderen Wert als das, was der Kopf sagt.

„Ein Gott ist der Mensch, wenn er träumt, ein Bettler, wenn er nachdenkt", sagt Hölderlin. Diese Geringschätzung der Vernunft bei einem Volk, dem diese so viel verdankt, erklärt sich vielleicht aus der Tatsache, daß die Deutschen richtig urteilen, aber häufig von den falschen Voraussetzungen ausgehen, während ihr Herz sie zwar in Sackgassen führt, aber über Wege, die mit guten Vorsätzen gepflastert sind. Die masochistische Ader, die zweifellos einen Teil ihres Charakters ausmacht, hat offensichtlich da mehr Chancen befriedigt zu werden, wo die Emotionen mit all ihren Unwägbarkeiten vorherrschen, als im Reich der reinen Vernunft mit der ihr eigenen Härte und Logik. Das Erhabene ist fast immer tragisch und zieht daher leidvolle Erfahrungen nach sich.

Der letzte Krieg hat zahllose Gebäude zerstört – Universitäten und Museen –, in deren Giebel die Worte *Dem Wahren, Guten, Schönen* eingraviert waren. Nichts veranschaulicht die unwiderstehliche Anziehungskraft, die das *Erhabene* auf die Deutschen ausübt, deutlicher als die Tatsache, daß man die Tempel des Wissens und der Kunst diesen drei Begriffen widmet. Für sie ist allein die Verehrung dieser Trinität in der Lage, die tiefe Sehnsucht, die Herz und Geist auf dem Weg zur Vollkommenheit beflügelt, zu befriedigen. Durch die Suche nach dem Wahren, Guten und Schönen verwirklicht man den Gleichklang von Traum und Wirklichkeit, entschärft die Konflikte, die die Seele zerreißen, und begreift endlich die Prinzipien, die die universelle Ordnung beherrschen.

Während für die französische Klassik – nach der berühmten Formel von Boileau – „nur das Wahre schön ist", hat für die Deutschen vor allem der Zusammenhang zwischen dem Schönen und dem Guten Bedeutung: wirklich schön ist nur, was moralisch bewundernswert ist, und gerecht, was die Seele erhöht. Mit anderen Worten, die Deutschen wollen die Idee des Schönen von der ästhetischen auf die moralische Ebene übertragen. Das Gute, das eine Zwecksetzung und daher eine Handlung voraussetzt, impliziert aber immer den Begriff von Verpflichtung. Das Schöne hingegen existiert an sich und hängt von keiner Idee der Notwendigkeit oder des Zwangs ab. Die Deutschen kümmern sich nicht um diesen Widerspruch. Für sie kann das Schöne, das mit dem Wahren verbunden ist, das heißt über Lüge und Irrtum triumphiert, endgültig mit dem Guten verschmelzen, unter der Bedingung, daß man von einer vollkommenen Idee des Schönen ausgeht. Man gelangt zum *Erhabenen*, indem man das Schöne auf der Ebene des Unendlichen ansiedelt, wo es normalerweise nicht hingehört.

Die Deutschen sind zutiefst davon überzeugt, daß das Individuum nur durch die heilige Allianz zwischen dem Schönen, dem Guten und dem Wahren, in der sich die Transzendenz auf so vollkommene Weise ausdrückt, zum Gipfel seiner spirituellen Bestimmung erhoben werden kann. Die Erscheinung des Schönen – der einzige der drei Begriffe, den man direkt mittels der Sinne wahrnehmen kann – erfüllt den Menschen mit jenem lustvollen Schauder, den man angesichts eines Mysteriums empfindet, das das Erkenntnisvermögen übersteigt, dessen Größe man jedoch erfaßt. „Der bloß moralisch ausgebildete Mensch", so sagt Wilhelm von Humboldt, „gerät in eine ängstliche Verlegenheit, wenn er die unendliche Forderung des Gesetzes mit den Schranken seiner endlichen Kraft vergleicht. Wenn er sich aber zugleich ästhetisch ausbildet, wenn er sein Inneres, vermittels der Idee der Schönheit, zu einer höheren Natur umschafft, so daß Harmonie in seine Triebe kommt und, was vorher ihm bloß Pflicht war, freiwillige Neigung wird, so hört jeder Widerstreit in ihm auf." Das *Erhabene* erwächst also aus dem Kampf zwischen der moralischen Stärke und den menschlichen Leidenschaften, es entwickelt sich durch die Gegensätzlichkeit des Unermeßlichen und der irdischen Kontingenz, und es triumphiert, wenn der Mensch schließlich jenen Sieg über sich selbst errungen hat, der ihm die Unendlichkeit näher bringt.

Nach Ansicht der Deutschen erschüttert das *Erhabene* die Seele zu tief, als daß sie noch erkennen könnte, was sie wirklich empfindet. In ihr entsteht eine große Leere, die jegliches Urteilsvermögen absorbiert. Der Zustand der Erregung, in dem bestimmte Deutsche manchmal leben, und der sie so unberechenbar macht, ist im allgemeinen das Resultat des Schocks, der durch den Kontakt mit dem *Erhabenen* ausgelöst wird. Sie lechzen nach dem Absoluten und suchen es mit solcher Intensität im Schönen, Wahren und Guten, daß sich ihr Verhalten und sogar ihre Sensibilität dadurch verändern. Sie jagen hinter dem Traum von der sauberen und ordentlichen *heilen Welt* her, in der es weder Elend noch Bosheit noch Unglück gibt und in der die Leute rechtschaffen, liebenswürdig und gut sind. Die Illusion, daß es eine solche Welt gibt und es möglich ist, in ihr zu leben, ist vielleicht der bewegendste Zug der Mentalität der Deutschen.

Auf der Suche nach dem Garten Eden denken sich die Völker Symbole für ihre geheimsten Sehnsüchte aus. Bei den Deutschen ist es zweifellos der Wald, der diese Rolle spielt[5]. In seinem Schutz kann sich der Mythos des *Erhabenen* in voll-

[5] Einige der hier vorgetragenen Ideen sind einer Sendung im Ersten Programm des Deutschen Fernsehens vom 27. Dezember 1984 über den deutschen Wald entnommen; das angeführte Zitat stammt aus dem in dieser Sendung gezeigten Ausschnitt aus dem NS-Film *Ewiger Wald*.

kommenster Weise entwickeln, und gleichzeitig ist er ein Nährboden für die düsteren Seiten der deutschen Seele. Der Deutsche fühlt sich im Wald zu Hause, so wie der Norweger auf See oder der Schweizer in den Bergen. In ihm lauern große Gefahren, aber was ist das schon, verglichen mit seinen lockenden Geheimnissen, mit der majestätischen Einsamkeit, die man in ihm findet, mit dem Trost, den er den vom Leben Enttäuschten spendet? Und bietet er nicht denjenigen, die Sammlung und Erleuchtung suchen, einen idealen Zufluchtsort?

Nirgendwo auf der Welt hat der Wald einen so großen emotionalen Wert wie in Deutschland. Die Deutschen lieben den Wald, und vor allem verehren sie den *deutschen* Wald. In Wirklichkeit hat seine „Mythologisierung" aber erst gegen 1800 eingesetzt. Die Patrioten erinnerten das besetzte Deutschland in dieser Zeit daran, daß die Germanen die römischen Legionen unter Varus im Jahre 9 nach Christus im Teutoburger Wald zurückgeschlagen hatten, und daß man gut daran täte, sich dieses Beispiel zum Vorbild zu nehmen, um Napoleon und seine Armee vom deutschen Territorium zu vertreiben. Anderthalb Jahrhunderte später dachten die Nazis immer noch, daß die Schlacht im *Teutoburger Wald* die eigentliche Geburtsstunde Deutschlands sei:

„Aus dem Wald kommen wir
Wie der Wald leben wir
Wie der Wald wächst ihre Seele
Tief im Wald wird geboren
Volk, dein Gewissen,
Volk, dein Sieg."

Zu Beginn war die Geschichte des deutschen Waldes ziemlich prosaisch. So wie andere Völker in früheren Zeiten mochten die Germanen den Wald nicht – er galt als feindseliger und undurchdringlicher Ort. Sie verehrten nur bestimmte Bäume, die als Refugium für Gottheiten galten. Als die Bevölkerung im Mittelalter zu wachsen begann, war man jedoch gezwungen, größere Gebiete urbar zu machen. Um 1300 bedeckten die Wälder nur noch ein Viertel des Landes. Die Entstehung neuer Städte, die Verwendung als Brennmaterial und die Produktion von Stahl, Glas und Salz ließen den Bedarf an Holz jetzt steil ansteigen, so daß es um 1500 zu einem knappen und wertvollen Rohstoff geworden war. Seit dieser Zeit ist Wald gleichbedeutend mit Reichtum, und alle deutschen Regierungen bemühten sich, die Holzproduktion zu erhöhen. 1900 war ein Drittel des deutschen Territoriums wieder mit Wäldern bedeckt. Aber man hatte die edlen Baumarten von einst, Eichen, Buchen und Eschen, durch die schneller wachsenden und ertragreicheren Nadelhölzer ersetzt.

Wie konnte der Wald unter diesen Bedingungen zu einem Zufluchtsort für die deutsche Seele und ein Heilmittel gegen seine Nostalgie werden? Ursprünglich verband man mit ihm, wie fast überall in Europa, nur negative Vorstellungen: er war „unzugänglich", „düster", „lautlos", „rauh", „wild", „unwirtlich". Bösartige Geister, üble Existenzen und gefährliche Tiere lebten in ihm. Auf Menschen wirkte er feindselig und nahm nur Räuber und Einsiedler auf, das heißt diejenigen, die sich freiwillig aus der Gemeinschaft ausgeschlossen hatten. Aber im Laufe der Zeit, als der Mensch den Wald immer mehr abholzte und ihn dadurch auch immer besser kennenlernte, hörte er auf, ein Ort des Schreckens zu sein. Mehr noch, er erschien als Stätte der Freiheit und bot denjenigen eine Zuflucht, die die Einsamkeit suchten. Die Dichter sprachen jetzt in warmherzigerem Ton über ihn: sie charakterisierten ihn mit Begriffen wie „grün", „frisch", „schön", „erholsam" und selbst „fröhlich".

Der Romantik ist es gelungen, die neuartigen Empfindungen, die der Wald im Herzen der Deutschen wachrief, perfekt wiederzugeben. Der Rationalismus des 18. Jahrhunderts und der Beginn der Industrialisierung haben in der Tat eine Rückkehr zur Natur und zu gefühlsbetonteren Werten in die Wege geleitet. Im deutschen Wald haben Denker, Dichter und Maler eine neuartige Lebensform gesucht und ihn zum Symbol der mystischen Verschmelzung mit dem Universum gemacht. Zur gleichen Zeit entstand das Nationalbewußtsein der Deutschen, das sich nun aufs engste mit dem Naturgefühl verband. In der Tiefe des deutschen Waldes schwärmte man für diesen neuen ästhetischen Glauben und begeisterte sich zugleich für den edlen Kampf für die Freiheit und gegen den französischen Eindringling.

Aber bald wird man dieser Gefühle überdrüssig. Die Romantik macht dem Biedermeier Platz, und der Wald wird zum Ort der Erholung und des Friedens, an dem man auf sehr schlichte Weise mit einer Unendlichkeit kommuniziert, die jetzt auf eher dürftige Dimensionen reduziert wird. Jedes menschliche Werk wird nunmehr an der Elle einer Natur gemessen, die zurechtgeschnitten wurde für die sentimentalen Bedürfnisse und Träumereien der Kleinbürger. In einer Zeit, in der das „von-den-Zinsen-leben" Triumphe feiert, wollte man natürlich den Wald wie jede x-beliebige andere Form des Kapitals erhalten. Zum Naturkult gesellte sich daher die Vorstellung vom Naturschutz. Die Vehemenz, mit der die Deutschen unserer Zeit den Wald verteidigen und gegen das *Waldsterben* ankämpfen, geht auf diese Haltung zurück.

Die Deutschen sind zutiefst davon überzeugt, daß, wenn der Wald stirbt, der Mensch ebenfalls Schaden nimmt an Leib und Seele. Der Wald ist für ihn wirklich lebensnotwendig: er verschafft ihm die Möglichkeit, seine Träume und seine Spiritualität zu befriedigen, er ist „schön", „nützlich", „üppig", „beständig", „beruhigend". Diese Liebe zum Wald spiegelt in Wirklichkeit die ewige Sehnsucht der Deutschen wider, die rationalen und irrationalen Elemente ihres Wesens in Einklang zu bringen. Einerseits sind sie der Modernität verfallen, andererseits versuchen sie deren Härten abzumildern, indem sie im Schoße der Natur Zuflucht suchen. Je mehr ihr Alltag von rationalen Zwängen beherrscht wird, desto stärker werden ihre irrationalen Neigungen und desto deutlicher gewinnt die sentimentale Seite ihres Wesens an Bedeutung.

Das, was Wilhelm von Riehl im vorigen Jahrhundert geschrieben hat, ist heute zutreffender denn je: „Haut die Wälder nieder und ihr nehmt dem Deutschen sein Lebenselement.“ Auch in unseren Tagen schöpfen die Deutschen Kraft und Selbstvertrauen aus dem Wald. In ihm fühlen sie sich frei und geschützt vor äußeren Bedrohungen. Sie finden unbewußt ihre Kindheit in ihm wieder, die Welt der Märchen, in der es genügt, in einem hohlen Baum Zuflucht zu suchen, um der bösen Fee zu entkommen, und in der die gute Fee Schönheit, Reichtum und Glück verleihen kann, indem sie ihren Zauberstab schwingt. Im Wald fühlen sie sich den giftigen Ausdünstungen der Zivilisation fern und atmen die Gesundheit und die unbekümmerte Fröhlichkeit ihrer Jugend mit vollen Zügen ein. Aber der Wald ist für sie auch der Ort, an dem der ewige Kreislauf des Lebens – Geburt, Entwicklung, Tod – unmittelbar ins Auge springt, an dem die Introspektion leichter ist, an dem der Mensch seinen Empfindungen und gleichzeitig dem Absoluten näher ist, an dem mit anderen Worten jene geistige Höhe erreichbar ist, durch die man Zugang zum *Erhabenen* findet.

Kapitel VIII

Die Reinheit

Seit vier Jahrhunderten quält die Sehnsucht nach *Reinheit* das Gewissen der Deutschen. Die Überlegung Bachelards, daß „die Reinheit eine der grundlegenden Kategorien der Wertung ist“, hat sich nirgendwo deutlicher bewahrheitet als bei diesem Volk, das seiner selbst wenig sicher und daher ständig auf der Suche nach Eigenschaften ist, die es vor sich selbst in einem positiven Licht erscheinen lassen. Die Deutschen haben das Reinlichkeitsideal auf fast alle Bereiche ausgedehnt und benutzen es sogar häufig als moralisches Kriterium. Die *Reinheit* des Herzens, des Charakters, der Seele, des Gewissens, des Geistes sind Begriffe, mit denen der Deutsche dauernd zu tun hat und die für ihn eine ganz besondere Bedeutung haben: „die reine Seele“ bedeutet für ihn weniger das Nichtvorhandensein von gemeinen Gedanken als vielmehr die Klarheit der Gefühle; die „Reinheit des Charakters“ ist nicht so sehr die Redlichkeit als die Transparenz der Gebärden und Handlungen; ein „reines Gewissen“ ist nicht unbedingt das Gewissen, das sich nichts vorzuwerfen hat, als vielmehr dasjenige, das nie besudelt worden ist. In der Vorstellung der Deutschen ist alles, was nicht rein ist, gefälscht und alles, was Mängel aufweist, schlecht. Für sie ist Authentizität Garant der Integrität, die Respektierung von Vorschriften spricht für die Unschuld, Pünktlichkeit und Sauberkeit gewährleisten das Nichtvorhandensein moralischer Verwerflichkeit.

Diese Art und Weise, die Reinheit als Kriterium zu benutzen, um eine Grenze zwischen Gut und Böse zu ziehen, mag Fremden grob vereinfachend, ja sogar absurd erscheinen. Für die Deutschen bildet sie hingegen einen sehr bequemen Wertmaßstab, mit dessen Hilfe alle Aspekte des materiellen Lebens ebenso wie die Gesamtheit der abstrakten Wertvorstellungen registriert, klassifiziert und beurteilt werden können. Im

Grunde macht der Deutsche kaum einen Unterschied zwischen *Reinheit* und *Sauberkeit* oder *Reinlichkeit.* Diese Begriffe bilden für ihn eine Einheit, deren positiver Charakter für ihn unmittelbar ins Auge springt.

Ursprünglich waren *Sauberkeit* und *Reinlichkeit* Begriffe, die sich grundsätzlich auf die Haushaltsführung und auf die häusliche Ordnung bezogen. Schon im 16. Jahrhundert geben zahllose Handbücher den Frauen Ratschläge, in denen die Sauberkeit als Wohltat gepriesen wird. Vor allem ihr Nutzen für die Gesundheit und die Führung des Haushalts werden nachhaltig betont. Schon bald wurde auch auf den Zusammenhang zwischen Sauberkeit und *Reinheit* des Herzens und des Geistes verwiesen: wer sich und sein Haus sauber hält, dessen Gedanken, Gefühle und Taten können nur rein sein. Der Autor eines praktischen Ratgebers für Bauern aus dem Jahre 1788 unterstreicht ausdrücklich, wenn auch ein wenig naiv die Vorzüge der Sauberkeit:

> „Diese Reinlichkeit hat gar mannigfaltigen Nutzen. Sie hilft zur Erhaltung der Gesundheit. Sie macht angenehm in der Jugend und erträglich im hohen Alter. Sie nützt endlich auch der ganzen Wirtschaft . . . Der schönste Mensch sieht unansehnlich aus, wenn er und sein Anzug nicht reinlich sind . . . Das Alter bringt's ohnehin mit sich, daß man jungen Leuten weniger reinlich vorkommt, als man wirklich ist. Unerträglich ist's aber in der Tat, mit alten Leuten umzugehen, die so gar nichts auf ihren Leib und ihren Anzug Acht haben . . . Von reinlichen Leuten kauft man ferner gewisse Lebensmittel viel lieber, und oft auch teurer. Durch reinliche Leute läßt man lieber Hausaufgaben verrichten, nimmt sie lieber in Dienst. Reinliche Herrschaften bekommen und erhalten gewöhnlich bessere Dienstboten als andere. Krankheiten sind in ihrem Hause seltener, an ihren Arbeiten werden sie also weniger gehindert und auch der Arzt kostet sie weniger. Kurz, die Reinlichkeit bezahlt sich auf allen Seiten."

In zahlreichen erbaulichen Publikationen, die in demselben Zeitraum erscheinen und sich auf die Erziehung der Kinder beziehen, stellte man immer wieder eine Verbindung zwischen physischer Sauberkeit und moralischer *Reinheit* her: Christian Felix Weiße beispielsweise schreibt, daß „wir denjenigen, den wir nachlässig und schmutzig in seinem Äußerlichen sehen, auch für nachlässig und schmutzig in seiner Denkungs- und ganzen Lebensart halten ... daß der, der sich unordentlich und unreinlich kleidete, auch unordentlich aß und trank, seine Stube mehr zu seinem Stalle als zur Wohnung eines gesitteten Menschen machte, in seinem Handel und Wandel, in seinem Studieren, in den Pflichten des geselligen Lebens, kurz in allem unordentlich war ... Die Seele ist die Beherrscherin unseres Körpers; sklavisch folgt diese ihren Geboten. Ist sie rein, so wird sie auch diesem rein zu sein gebieten, und wir werden von diesem immer auf ihre Gesinnung zurück schließen können ... Derjenige, der schmutzig und nachlässig vor mir erscheint, wird mich leicht auf den Argwohn bringen, daß er mich verachte und nicht der Mühe wert halte, anständig und reinlich vor mir zu erscheinen."

In einer Predigtsammlung, die zu Beginn des vorigen Jahrhunderts erschien, wird ebenfalls mit Nachdruck auf die engen Beziehungen zwischen Körper und Geist verwiesen: der Körper ist „Wohnung, Werkzeug, Gefährte, Freund, Ratgeber, ja oft der Herr unseres Geistes" und verdient in dieser Eigenschaft dieselbe Rücksichtnahme wie dieser. Wenn man den Geist durch Mäßigung und Enthaltsamkeit pflegt, warum sollte man den Körper dann nicht auch sauber und ordentlich halten? Johann Rudolph Gottlieb Beyer schreibt:

> „Reinlichkeit ist halbe Gesundheit, ist ein sehr wirksames Mittel, die Gesundheit zu erhalten und zu stärken ... Wir können also unserem Körper keine größere Wohltat erweisen als wenn wir ihn reinlich halten ... Es ist, als ob man noch einmal so froh, so heiter und zufrieden wäre, wenn man nicht allein selbst reinlich ist, sondern auch un-

> ter lauter solchen Gegenständen sich befindet, welche reinlich und sauber sind. Ein reinlicher Mensch gefällt jedermann, und so gefällt auch ein reinliches Haus, eine reinliche Stube, reinliches Gerät ... Wenn ein Mensch sich reinlich und ordentlich hält, so gibt das immer ein gutes Vorurteil für ihn, und man traut ihm auch in seinem übrigen Verhalten und Benehmen Ordnung und Regelmäßigkeit zu ... Es gibt auch noch immer eine innere Reinigkeit des Herzens und des Geistes, die zum frohen und glücklichen Leben noch weit mehr beiträgt als die äußere."

Diese Vorstellungen haben unter dem sozialen Druck das Verhalten der Deutschen bestimmt und ihre Mentalität neu geformt, und zwar soweit, daß das Bemühen um *Reinheit* und Sauberkeit bei ihnen oft zu einer Obsession wird.

Die Reinheit – gehobene Ebene

Das Streben nach *Reinheit* ist für die Deutschen ein Mittel, die finsteren Turbulenzen, die sich manchmal in den Tiefen ihres Wesens bilden, zu kompensieren. Da sie sich durch geheimnisvolle Kräfte, die sie nur mit Mühe unter Kontrolle bekommen, zum vermeintlich Bösen hingezogen fühlen, versuchen sie, so weit wie möglich in die entgegengesetzte Richtung zu gehen. Die Reaktion gereicht ihnen zur Ehre, denn diese Suche nach *Reinheit* ist in Wirklichkeit eine enorme Bemühung um Selbstüberwindung.

Das Bedürfnis nach *Reinheit* veranlaßt den Deutschen, sein Denken und Handeln ständig zu kontrollieren. Stimmen diese mit der Idee der *Reinheit,* die man in sich trägt, überein? Wenn nicht, was muß man tun, um sie ihr anzupassen? Rastlos prüft er sein Verhalten, seine Einstellung und seine Neigungen. Ständig beobachtet er sich selbst und ist darauf bedacht, auf keinen Fall gegen die Regeln zu verstoßen, die er sich freiwillig auferlegt hat.

Dieser Anspruch sich selbst gegenüber erklärt jene Art von Geistesabwesenheit, in der die Deutschen sich oft befinden, sowie ihre manchmal wenig natürliche Haltung. Bevor sie handeln, müssen sie nämlich immer intensiv nachdenken, denn der Maßstab, an dem man sich orientiert, ist streng, und wenn man von ihm abrückt, bleibt nur noch Selbstverachtung übrig, etwas, was die Deutschen über alles fürchten. Worte werden mit großer Sorgfalt ausgewählt (und das Gesagte wirkt daher oft umständlich), weil man den anderen weder verletzen noch ihm ein falsches Bild von sich selbst vermitteln möchte. Die Gestik ist zurückhaltend (und folglich oft ohne Spontaneität), weil man sie den Umständen, auf die sie sich bezieht, vollkommen anpassen möchte. Man hört den Erklärungen und Argumenten des Gesprächspartners mit Geduld und Anteilnahme zu, weil er ebenso im Besitz der Wahrheit sein könnte, wie man es selbst zu sein glaubt.

Der Deutsche ist weder Opportunist noch Zyniker, und er glaubt an das, was er tut. Gerade weil er davon überzeugt ist, daß seine Handlungen einen Sinn haben, bemüht er sich, sie auf eine möglichst erhabene Ebene zu stellen. Da er die moralischen Werte respektiert und sie bis ins alltägliche Verhalten wirksam werden läßt, führt er ein Leben voller Skrupel, Unschlüssigkeiten und Qualen. Seine Existenz ist keineswegs lustig. Auf der anderen Seite verschafft ihm seine feste Überzeugung, das Richtige zu tun, in gewisser Weise einen Stimmungsausgleich, der ihn die Schwierigkeiten, die ihm notwendigerweise auf Schritt und Tritt begegnen, gelassen ertragen läßt. Denn die *Reinheit* muß verdient werden. Sie erfordert beharrliche Bemühungen, Opfer und Entsagungen. Sie ist nicht geschaffen für Menschen, die es sich leicht machen und auch nicht für solche, die den Weg des geringsten Widerstandes gehen. Wie eine anspruchsvolle Geliebte fordert sie alles und gibt sich nie mit einem Teil zufrieden.

Wo läßt sich *Reinheit* in reiner Form finden? Das ist ein Problem, das die Deutschen von jeher beschäftigt hat. Schleicht sie sich in das Lächeln der Kinder oder in die Herzen derer, die leiden, ein? Kommt sie aus dem Gebet des Gläubigen oder aus der Hand des Künstlers? Liegt sie in der Geste, die errettet, oder im Körper dessen, der sich vertrauensvoll hingibt? Ein einfacher Blick genügt schon, um die *Reinheit* zu gefährden, denn der Mensch ist nie unschuldig, und alle Dinge, die er berührt oder auf die er zugeht, sind in gewisser Weise verdorben. Es gibt daher letzten Endes nur einen Ort, an dem die Reinheit in absoluter Form existiert: die Natur.

Die Deutschen fühlen sich der Natur in nahezu mystischer Form verbunden. Sie lieben sie innig, verehren sie und stehen in einer intimen und nutzbringenden Wechselbeziehung mit ihr.

Es handelt sich dabei um eine Natur, die man nicht mit dem Verstand, sondern einzig und allein mit dem Herzen begreift. Sie ist nicht nur eine Umgebung, in der man lebt, oder ein Ort, an dem man sich verlustiert, sondern eine Freundin, die tausend Vergünstigungen gewährt, unter anderen die Regeneration der Seele. Sie ist allgegenwärtig und allmächtig. Sie ist Quelle der Inspiration, läßt den erhabenen Gefühlen und Gedanken freien Lauf und befreit von den Zwängen des Menschseins. Sie spricht mit leiser Stimme, die nur für diejenigen hörbar ist, deren Seele rein ist oder es werden möchte. „Die Natur in ihren schönen Formen spricht figürlich zu uns, und die Auslegungsgabe ihrer Ziffernschrift ist uns im moralischen Gefühl verliehen", schreibt Kant. Der Mythos des Erhabenen findet beim Deutschen keinen besseren Ausdruck als in seinen Beziehungen zur Natur.

Der Mensch kann nur hoffen, sich der Natur verständlich zu machen, wenn er bereit ist, sich des „allzu Menschlichen" zu entledigen. Durch diesen Akt gewinnt er einen geistigen Adel und eine innere Anmut, die es ihm ermöglichen, mit ihr zu verschmelzen. Aber durch diese Vereinigung legt er die Steuerung seines Lebens in die Hände einer höheren Macht. Die Sehnsucht nach diesem *Einssein mit der Natur,* auf die man in der deutschen Philosophie und Literatur so häufig stößt und die in der Mentalität der Deutschen fest verankert ist, scheint somit auf ein fehlendes Selbstvertrauen und ein Bedürfnis nach Sicherheit hinzudeuten.

Es gibt jedoch einen Bereich, in dem der Mensch seine Unabhängigkeit bewahrt: die Kunst. Als künstliche Schöpfung, die von der Natur verschmäht wird, erlaubt sie dem Menschen, seinen geheimsten Wesenszügen Ausdruck zu verleihen und sein ästhetisches Ideal zu definieren. Für den Deutschen ist die Kunst weniger eine Frage nach dem Sinn des Lebens als ein Mittel, es besser zu ertragen. Durch die Kunst können das Häßliche und das Ordinäre versteckt werden, so daß nur die Schönheit in ihrer verlockendsten Form sichtbar bleibt. Mit ihrer Hilfe wird der Dialog mit der Transzendenz sowie der direkte Zugang zum Erhabenen möglich.

Da das durchschnittlich begabte Individuum nicht in der Lage ist, selbst Kunst hervorzubringen, begnügt es sich damit, soviel wie möglich davon zu „konsumieren“. Der Begriff *Kunstgenuß* zeigt, mit welcher Vorstellung die meisten Deutschen Kunst rezipieren. Sie genießen sie auf aktive Art und Weise, wie man sich zum Beispiel an einem guten Essen erfreut, und sie erwarten von ihr, daß sie sie geistig bereichert und ihre Sehnsucht nach dem Absoluten befriedigt. Der Kunstgenuß ist für die Deutschen ein feierlicher Akt, der ganz bestimmten Regeln und Ritualen unterliegt und auf den man sich sorgfältig und lange im voraus vorbereiten muß. Um sich in Bereitschaft zu versetzen und so aufnahmefähig wie möglich zu sein, versucht der Deutsche Seele und Geist von allem zu lösen, was eine gute Übermittlung der Botschaft behindern oder stören könnte. Um mit dem Absoluten zu kommunizieren, kann es nicht schaden, seine schönste Kleidung anzulegen oder sich einer intensiven vorbereitenden Arbeit zu widmen (Lektüre, persönliche Reflexionen, Diskussionen). In einem deutschen Schauspielhaus beispielsweise spürt man, daß die Besucher voll und ganz mitgehen, weit über das normale Engagement von Theaterliebhabern hinaus. Durch seine bedingungslose Teilnahme möchte der Deutsche seinen Willen kundtun, daß er Kunst nicht nur konsumieren, sondern sie sich einverleiben, aneignen will, kurz, daß er in ihr aufgehen will, so wie er mit der Natur zu verschmelzen versucht.

Die Reinheit – praktische Ebene

Wir haben es schon gesehen: auf der praktischen Ebene wird aus der *Reinheit* Sauberkeit. Um sie sind die Deutschen ständig bemüht. Sie widmen ihr Zeit und Geld und scheuen keine Mühe, wenn es darum geht, ihr Genüge zu tun. Für sie sind *Putzen* und *Sauberhalten* keineswegs Tätigkeiten, die eines intelligenten Menschen unwürdig sind, sondern gehören, ebenso wie die Arbeit, die Muße oder die Besinnlichkeit, zu den natürlichen Aktivitäten des Menschen. Kein Deutscher betrachtet sie als nutzlose oder entwürdigende Aufgaben, ebenso wenig wie er es als stumpfsinnig empfindet, daß man sie immer wieder neu verrichten muß.

Da der Deutsche auf Sauberkeit für sich selbst bedacht ist, nimmt er auch bei anderen Rücksicht auf sie. Der Handwerker, der irgendetwas in einer Wohnung erledigen soll, putzt sich die Füße ab, bevor er eintritt, entschuldigt sich, Schmutz zu machen und fegt sorgfältig den Ort, an dem er Spuren seines Wirkens hinterlassen hat. Der Lieferant sammelt das Material, in dem der soeben gelieferte Gegenstand verpackt war, zusammen und nimmt es wieder mit. Der Mechaniker trägt Sorge, das Auto, das er repariert hat, so tadellos sauber zurückzugeben, wie er es vom Kunden übernommen hat. Der Besucher behält sein Glas in der Hand, aus Angst, einen Kringel auf einem Möbelstück zu machen. Die Umgangssprache ist gespickt mit Ausdrücken, in denen der Begriff der Sauberkeit in einem wertenden Sinn verwendet wird: eine „gut gemachte Arbeit" nennt der Deutsche eine *saubere Arbeit;* ein „netter Junge" wird zu einem *sauberen Burschen;* eine Schrift ist nicht „gepflegt", sondern sauber *(eine saubere Schrift).* Kurzum, alle Deutschen mögen und bewundern die Sauberkeit und setzen sich für sie ein, die Armen genauso wie die Reichen, die Jungen ebenso wie die Alten.

Deutschland ist daher ein sauberes Land. Es ist eine Sauberkeit, die sich nicht auf die vornehmen Stadtteile oder auf die von Touristen frequentierten Bezirke beschränkt. Sie ist überall erkennbar, in den Vorstädten und Industriegebieten, in den Werkstätten und Geschäften, in den Kellern und auf den Speichern, in den Zügen und auf den Straßen, an den Stränden und den Ufern der Seen. Selbst Feld und Wald strahlen in Deutschland eine Sauberkeit aus, die sie woanders nicht haben, zweifellos weil der Bauer und der Förster tatsächlich wildwachsendes Gras auf den Wegen entfernen und abgebrochene Äste aufsammeln. Die Städte und Dörfer bieten einen schmucken Anblick: die Fassaden werden regelmäßig verputzt und die Denkmäler abgewaschen, die Bürgersteige und Fahrbahnen regelmäßig gereinigt, die Häuser und Gärten der Privatleute sorgfältig in Ordnung gehalten. Die berühmten Karnevalszüge mit ihren Hunderttausenden von Teilnehmern hinterlassen die Straßen in einem schrecklichen Zustand. Aber wenige Minuten, nachdem der letzte Wagen vorbeigezogen ist, und noch bevor die Menge sich wieder vollständig zerstreut hat, kommt die städtische Müllabfuhr und eine Heerschar von Straßenkehrern, die sofort alles wieder in Ordnung bringen.

In den Häusern und Wohnungen der Privatleute herrscht eine makellose Sauberkeit. Die Hausfrau verbringt einen beträchtlichen Teil ihrer Zeit mit Putzen. Sie wird im übrigen zum großen Teil (von ihresgleichen und von ihrem Mann) nach den Verhältnissen „beurteilt", die im Inneren des Hauses herrschen. Ist dieses völlig sauber, wird sie als „gute Hausfrau" angesehen. Werden Spuren von Schmutz sichtbar – Geschirr, das nicht glänzt, ein Fleck auf dem Tischtuch, eine Staubschicht auf den Möbeln –, wird sie als *Schlampe* abgestempelt. Die Werbung für Putzmittel trichtert den Frauen ein, daß sie nur mit ihrer Hilfe als perfekte Hausfrauen erscheinen können. Die Sauberkeit wertet die Deutschen in ihren eigenen Augen, aber auch in den Augen ihrer Familie und ihres Bekanntenkreises, auf.

Der Ehemann unserer Hausfrau steht ihr in nichts nach,

wenn es sich darum dreht, die Wohnung instandzuhalten. Der Anstrich wird nach einer relativ kurzen Zeitspanne erneuert. Alte Einrichtungen, die den Eindruck erwecken könnten, „schmutzig" zu sein, werden sofort ausgewechselt. Hof und Garten sowie die Außenmauern werden in einem perfekten Zustand erhalten. Das Auto unterliegt der gleichen Fürsorge. Es wird einmal in der Woche gewaschen und mehrere Male im Jahr poliert. Man nimmt den winzigsten Rostfleck aufs Korn, und jede Schramme wird unmittelbar repariert. Der Kofferraum, die Sitze und die Innenausstattung werden bei jeder Gelegenheit mit dem Staubsauger traktiert.

Die deutsche Menge setzt sich aus gepflegten, frisch gewaschenen, wohlduftenden und neu eingekleideten Individuen zusammen. Der Werbeslogan der Bekleidungsindustrie, *öfter mal was Neues,* rennt offene Türen ein. Die Deutschen halten ihre Garderobe – die im übrigen bestens ausgestattet ist – nicht nur peinlich genau in Ordnung, sondern erneuern sie auch oft. In Wirklichkeit verfügen sie über mehrere Garderoben (von denen jede mit Kleidungsstücken und Accessoires ausgestattet ist, die notwendig sind, um bei allen Gelegenheiten „comme il faut" gekleidet zu sein), für den Wintersport und den Strandurlaub, für den Stadtbummel und die Freizeit, für Ausflüge ins Gebirge und aufs Land, für festliche Anlässe und die Gartenarbeit.

Der Perfektionismus, auf den man in so vielen Bereichen immer wieder stößt und der das Leben der Deutschen dermaßen schwierig macht, führt auch in Sachen Bekleidung das Regiment. Sie stehen in der Tat jedes Mal vor der Gewissensfrage: ist das, was ich anzuziehen beabsichtige, dem, was ich zu tun gedenke, oder dem Ort, an den ich gehen will, wirklich angemessen?

Die deutsche Sauberkeit betrifft auch den Körper. Der Deutsche verbraucht im Durchschnitt 1,5 Kilogramm Seife pro Jahr, zweimal mehr als der Franzose zum Beispiel. Die deutschen Badezimmer schmücken zahllose Fläschchen, Tuben und Dosen mit duftenden Seifen, Schaumbädern, Duschgels, Wässerchen, Pomaden, Talk usw. Man muß sauber sein, aber nicht irgendwie: im Sommer benutzt man eine andere Seife als im Winter, der Badezusatz für morgens ist nicht derselbe wie der für abends, in der Hitze des Sommers reibt man seine Haut mit einer anderen Creme ein als an Regentagen.

Die äußere Sauberkeit geht häufig mit der inneren Reinhaltung einher. Manche Deutsche schwören auf die Wirksamkeit von *Entschlackungskuren* und sie glauben, daß sich der Körper dabei von allen inneren Giften und anderen „Unreinlichkeiten" befreit, die das gute Funktionieren der Organe behindern. Auf jeden Fall sind die Deutschen große Pillenschlucker. Sie glauben, daß der Körper ohne Störung wie eine gute Maschine funktionieren muß, und wollen ihn in ähnlicher Weise instandhalten. Völlig gesunde Leute schlucken zahllose Tabletten, Kapseln und Tropfen vor, während und nach den Mahlzeiten, zwischendurch, beim Aufstehen, beim Zubettgehen, zu Hause, im Büro, im Restaurant, auf Reisen. Meistens geht es nur darum, gesundheitlichen Problemen, die auftreten könnten, vorzubeugen, kurzum sich prophylaktisch zu verhalten. Diese maßlose Eigenbehandlung, die im übrigen ebenso wenig wirksam wie schädlich ist, gibt den Deutschen das beruhigende Gefühl, alle vorbeugenden Vorsichtsmaßnahmen getroffen zu haben.

In der Tat ist die Gesundheit eines ihrer großen Anliegen. Man sorgt sich ununterbrochen um sie. Niemand schämt sich, krank zu sein oder von seinen gesundheitlichen Problemen zu sprechen. Die Krankheiten der Politiker beispielsweise werden öffentlich in allen Einzelheiten besprochen, wobei niemand in Betracht zieht, sie geheimzuhalten. Ein Minister kann zwei, drei Monate abwesend sein und dann seine Aufgaben wieder wahrnehmen als sei nichts geschehen. Die Vorsorgeuntersuchungen spielen eine bedeutende Rolle: Check-up und Kuren sind allgemein üblich und werden von der Gesellschaft und den Krankenkassen anstandslos akzeptiert.

Der Deutsche möchte gesund leben – und ein großer Teil seiner Zeit wird daher diesem Ziel gewidmet. Um Frischluft zu tanken und den Körper zu kräftigen, macht man lange Spaziergänge oder fährt Rad. Die Sauna ist weit verbreitet. Schlammbäder und mit bloßen Füßen im Tau oder bei Ebbe im feuchten Sand zu laufen, finden großen Anklang. Und vor allem kauft man Naturprodukte. Es gibt in Deutschland Tausende von *Reformhäusern,* Läden, die (sehr teuer) diätetische Nahrungsmittel verkaufen. Es handelt sich in der Tat um natürliche Erzeugnisse oder solche, die nach guter, alter Art ohne Kunstdünger und chemische Zusätze hergestellt worden sind. Die Deutschen verzehren tagtäglich Tonnen von Kleie und *Müsli,* essen Millionen von in Holzkohleöfen gebackenen Vollkornbroten, verschlingen Hektoliter von Joghurt und Quark, die aus biologischem Anbau stammen. Die Sorge, „reine" Nahrungsmittel zu sich zu nehmen, ist besonders ausgeprägt, wenn es um das Nationalgetränk der Deutschen geht.

Wie der deutsche Wald ist auch das deutsche Bier Gegenstand eines besonderen Kults. Für die Deutschen ist Bier eine Art mythischer Trank, der Kraft verleiht, beruhigt, tröstet, erquickt und fröhlich macht. Bier ist der Lohn par excellence nach einem harten Arbeitstag. Es ist immer verbunden mit dem Begriff „feiern" oder „fröhlich sein". Das Bier stellt soziale Kontakte her, sorgt für Einvernehmen und bekräftigt die Freundschaft.

Die Deutschen sind die größten Biertrinker der Welt: sie haben einen Prokopfverbrauch von 145 Litern pro Jahr. In Deutschland gibt es auch die meisten Biermarken und die größte Anzahl von Brauereien. Die Brauverfahren haben sich seit dem Mittelalter praktisch nicht verändert. Die modernen Brauereien verwenden die gleichen Zutaten wie Katherina von Bora, die, bevor sie die Frau Martin Luthers wurde, Nonne in einem Kloster war, das von der Herstellung von Bier lebte. Das *Reinheitsgebot,* das auch heute noch die Zubereitung des Bieres regelt, stammt aus dem Jahre 1516. Es legt fest, daß nur vier Bestandteile im Bier enthalten sein dürfen: Wasser, Malz, Hopfen und Hefe. Keinerlei chemische Komponenten, keinerlei Zusatz, keinerlei Konservierungsmittel sind erlaubt. Wenn ein Brauer gegen dieses Gebot verstoßen würde, könnte er sicher sein, daß er sehr schnell den größten Teil seiner Kunden verlieren würde. Die *Reinheit* des Bieres ist den Deutschen in der Tat heilig. Die in ihm enthaltenen Bestandteile sind „Natur"produkte, alles was man ihm ansonsten beimischte, würde die „Reinheit" aufheben, es „verunreinigen". Als die Europäische Kommission die Bundesrepublik Deutschland 1984 zwingen wollte, die Grenzen für ausländisches und folglich nicht nach dem *Reinheitsgebot* gebraute Biere zu öffnen, gab es vehemente Proteste. Selbst die hartnäckigsten Gegner des Protektionismus haben sich gegen eine solche Maßnahme zur Wehr gesetzt. Alle Parteien und alle Bevölkerungsschichten waren sich einig: „Das deutsche Bier muß rein bleiben!" Das Bedürfnis nach *Reinheit,* das die Deutschen bewegt, erklärt die Strenge, mit der sie über ihre Umwelt wachen. Die Natur verschmutzen, bedeutet das nicht, sie zu „entweihen", das heißt sie ihrer ursprünglichen *Reinheit* zu berauben? Die Ökologie ist in Deutschland nicht einfach eine mehr oder weniger politisierte Protestbewegung. Sie ist vielmehr Ausdruck einer profunden Neigung, die einem ganz bestimmten Aspekt der Mentalität dieses Volkes entspricht. Es ist leicht, die Deutschen für die Probleme der Umwelt zu mobilisieren. Das *Waldsterben* zum Beispiel hat eine Empörung ausgelöst, die die Behörden zwingt, sich tatkräftig um Lösungsmöglichkeiten zu bemühen. Denn es sind nicht nur die jungen Leute und einige Intellektuelle, die für den Erhalt des Waldes kämpfen. Alle Deutschen, welchen Alters oder welcher sozialen Zugehörigkeit auch immer, fühlen sich betroffen. Die gewaltigen Massen, die gegen die Atomkraft protestiert haben, fühlten sich von der gleichen Sorge erfüllt: die Furcht, mitansehen zu müssen, daß das natürliche Gleichgewicht unwiderruflich zerstört wird, und die Angst, daß der „Schmutz" (in Form von radioaktivem Müll) sich allmählich der Welt bemächtigen und eine vertraute und Sicherheit gewährende Umgebung zerstören könnte.

Wir haben gesehen, daß Deutschland ein Land mit „Skandalen" ist. Aber es ist auch eines, in dem die Betrügereien am unerbittlichsten von den Bürgern verurteilt werden, in dem bloßgestellte Politiker sich den härtesten Vorwürfen ausgesetzt sehen. Das Bedürfnis nach einem intakten Gemeinwohl ist so stark und der Wunsch nach Aufklärung angesichts der Menge „Affairen“ so groß, daß die Presse viel Zeit mit dem Aufspüren von Skandalen verbringt. Nicht aus Sensationsgier ist die Öffentlichkeit so erpicht auf diese Art von Informationen, sondern weil sie den aufrichtigen Wunsch verspürt, daß das Land moralisch sauber bleibt. Die Fiktion, daß der Adel der Seele und die Uneigennützigkeit um so ausgeprägter sind, je höher man in der Hierarchie steht, ist bei den Deutschen weit verbreitet. Die hohe Achtung, die man im allgemeinen den „Persönlichkeiten“ entgegenbringt, basiert auf diesem Glauben, aber man duldet im Gegenzug von ihrer Seite auch keine Schwäche. Jeder Held muß rein sein.

Die Reinheit – niedere Ebene

Die *Reinheit* gehört nicht zu den Grundbedürfnissen des Menschen. Alle natürlichen Funktionen – Ernährung, Fortpflanzung, soziale Beziehungen – können sehr gut ohne sie auskommen. Die Deutschen tun jedoch so, als ob sie absolut notwendig wäre. Es ist auch nicht so, daß die Reinheit im Wesen des Menschen angelegt ist, was sich zumindest darin zeigt, daß andere Völker und Kulturen eine andere Einstellung zu ihr haben. Die Deutschen sind jedoch der Ansicht, daß es Kräfte im Menschen gibt, die ihn dazu bewegen, die unreine Seite seines Wesens zu überwinden, um sich der permanenten Suche nach dem Erhabenen widmen zu können.

Bachelard behauptet, daß der Unreinheit, im Hinblick auf das Unbewußte „eine polyvalente Schädlichkeit“ eigen ist. Infolgedessen ist der Kampf gegen die Unreinheit für die Deutschen, die sich überall vom Bösen bedroht fühlen, die große Herausforderung, der man sich nicht entziehen kann, ohne sich selbst zu leugnen.

Wenn man von einer solchen Grundeinstellung ausgeht, läuft man natürlich Gefahr, ins andere Extrem zu verfallen. Bei einigen wird das Bemühen um Reinlichkeit zur krankhaften Manie, wie etwa bei jenen Hausfrauen, die ihre Zeit damit verbringen, ihre Wohnung immer wieder und wieder zu putzen, die ihren Männern verbieten, sich ins Wohnzimmer zu setzen, aus Angst, daß sie Staub aufwirbeln, und die die Bratröhre ihres Herdes nicht benutzen, um sie nicht schmutzig zu machen, oder bei jenen Männern, die ihre Autos jede Woche waschen und grob zu den kleinen Kindern werden, die unglücklicherweise die Karosserie mit schmutzigen Händen berühren. Dieses übertriebene Bedürfnis nach *Reinheit* läßt sich auf den Hang der Deutschen zurückführen, alles bis zum äußersten Punkt des Machbaren und Ertragbaren zu treiben. Weil man die *vollkommene* Sauberkeit anstrebt, überschreitet man leicht die Grenze zwischen Normalität und Morbidität.

Die Deutschen sind davon überzeugt, das sauberste Volk auf der Erde zu sein, und sie sind ungeheuer stolz darauf. Aber sie machen aus der Reinlichkeit auch einen Prüfstein für den menschlichen oder moralischen Wert eines Individuums: wenn man mit einem verdreckten Auto herumfährt oder in einer Wohnung wohnt, deren Wände fleckig sind, kann man kein „guter" Mensch sein. Der soziale Druck in diesem Bereich und die Angst des „Was-sagen-die-Leute-darüber" sind so ausgeprägt, daß praktisch niemand sich dem entziehen kann.

Wenn ein Deutscher erstmals zu Leuten kommt, hat er diese schon eingeschätzt, bevor er auch nur ein einziges Wort mit ihnen gewechselt hat: er hat festgestellt, daß das Auto glänzt und in einer tadellos aufgeräumten Garage steht, der Rasen frisch gemäht ist, auf den Steinplatten vor der Eingangstür keinerlei Laub liegt, die Fransen des Teppichs in der Diele perfekt gekämmt sind und daß keine Regenflecken auf den Fenstern des Wohnzimmers zu entdecken sind. Dank dieser Details wird er von seinen Gastgebern einen sehr positiven Eindruck gewinnen, und er wird sie seines Interesses und seiner

Wertschätzung für würdig erachten. Hingegen hätten alte Reifen, die sich vor der Garage stapeln, Unkraut, das im Garten wuchert, oder im Wohnzimmer herumliegendes Kinderspielzeug eine verheerende Wirkung gehabt. Sie wären nicht nur als Beleg für die „Minderwertigkeit“ der Gastgeber, sondern auch als Zeichen von Unhöflichkeit und folglich Geringschätzung dem Besucher gegenüber gewertet worden.

Das Bedürfnis nach Sauberkeit ist den Deutschen nicht in stärkerem Maße angeboren als Bewohnern anderer Länder. Es ist die Folge einer Erziehung der kleinen Kinder, die wesentlich auf die *Reinlichkeit* ausgerichtet ist. Diese wird als Wert an sich dargestellt, dessen Nichtbeachtung rigoros bestraft wird. Nach einer These, die der amerikanische Anthropologe Alan Dundes (zitiert im „Spiegel“) aufgestellt hat, läßt diese Erziehung unauslöschliche Spuren im Unterbewußten der Deutschen zurück. Das geht sogar soweit, daß sie einerseits ein zwanghaftes Bedürfnis nach Sauberkeit haben, daß aber andererseits schmutzige Dinge einen infantilen Reiz auf sie ausüben. Für Dundes ist der Nationalcharakter der Deutschen dadurch gekennzeichnet, daß ihre Entwicklung teilweise in der analen Phase stehengeblieben ist, mit einer skatologischen Tradition, die auf Martin Luther zurückgeht, und zahlreichen Sprichwörtern, literarischen Werken, Spielen, Liedern, Flüchen usw., die die Defäkation zum Thema haben.

Der amerikanische Wissenschaftler hält Hitler für das beste Beispiel dieser Dualität: er hatte ein nahezu neurotisches Verhältnis zum Schmutz, er benutzte ein Vokabular, das dauernd darauf anspielte, besonders wenn er über die Juden sprach; gleichzeitig war er ein Fanatiker in Sachen *Reinlichkeit,* was soweit ging, daß er sich mit Pillen vollstopfte, um Blähungen zu vermeiden. Die physische Ausrottung der Juden, Zigeuner, Geistesgestörten und Homosexuellen – die für ihn der „Abschaum“ der Menschheit waren – war nichts anderes als eine gigantische Säuberungskampagne, die dazu bestimmt war, der Welt ihre ursprüngliche *Reinheit* zurückzugeben. Er sprach von *Entjudung* wie andere von Rattenbekämpfung und wandte ebenso radikale Methoden an (Gaskammern, Verbrennungsöfen), um dem „Ungeziefer" zu Leibe zu rücken.

Zweifellos ist der Mythos der Rassenreinheit in der Geschichte der Menschheit niemals so weit getrieben worden wie in Deutschland zwischen 1933 und 1945[6]. Die Perversion der Nazis fiel auf einen fruchtbaren Boden. Sicher, die Deutschen sind nicht mehr und nicht weniger Rassisten als andere Völker. Aber ihr übertriebenes Bedürfnis nach *Reinheit* und Sauberkeit beraubt sie sozusagen der Möglichkeit, sich zumindest theoretisch eine Vermischung der Rassen vorzustellen. Wenn sie die Ausländer nicht assimilieren wollen (selbst jene, die europäischer Herkunft sind, sind nie wirklich integriert worden), dann nicht etwa, weil sie von der Überlegenheit der germanischen Rasse absolut überzeugt wären, sondern weil sie fürchten, daß ihre Traditionen, ihre Kultur und ihr geistiges Leben ihren Glanz verlieren.

Sie haben niemals auch nur einen Augenblick daran gedacht, daß die von den Fremden eingebrachten Eigenarten die Qualität ihrer eigenen Kultur verbessern könnten. Das Assimilationsvermögen Deutschlands war aus diesem Grunde immer gleich Null. Welche Anstrengungen die Gastarbeiter und die eingebürgerten Ausländer auch immer unternommen haben, um sich diesem Land anzupassen, sie wurden durchgängig als Fremdkörper im sozialen Gefüge empfunden. Ohne daß man es anordnet, ohne daß man davon spricht, ohne daß es jemals die geringste Kampagne gegeben hätte, werden die Nicht-Deutschen (im genetischen Wortsinn) – selbst diejenigen der zweiten Generation – von verantwortlichen Stellen ferngehalten. Man sucht sie vergebens unter den Politikern, in der Verwaltung, in der Industrie oder im Bankgewerbe. In den Medien, im Verlagswesen und in der Literatur sind sie kaum vertreten. Selbst im künstlerischen Milieu und im Showbusiness findet man nur einige von ihnen.

[6] Die Nürnberger Gesetze vom 15. September 1935 waren ausdrücklich auf die Reinhaltung der deutschen Rasse ausgerichtet.

Kapitel IX

Der Idealismus

Der Deutsche versucht fast immer, sein Denken und sein Verhalten einem Ideal unterzuordnen, was ihm die Möglichkeit gibt, allem Niederen zu entfliehen. Er glaubt an moralische Werte und macht sie sich gern zunutze, um sich ein Lebensziel zu setzen, seine Überzeugungen zu untermauern und seinem Verhalten einen Sinn zu geben. Er dient seinem Ideal mit Enthusiasmus und Opferbereitschaft. Der große Atem des *Idealismus,* der seit zwei Jahrhunderten das deutsche Denken bewegt und es ihm ermöglicht, den Versuchungen des Positivismus und des Materialismus zu widerstehen, begeistert selbst den einfachsten Deutschen, weil er naturgemäß empfänglich für ihn ist. Der deutsche *Idealismus* ist weniger eine Philosophie als ein Geisteszustand; er entstammt nicht so sehr der Intelligenz als dem Sinn für die Moral. Das ist der Grund dafür, daß das gesamte Volk daran teilhaben kann.

Für die Deutschen gibt es, weit oberhalb der irdischen Realitäten, eine absolute Wahrheit *– das einzig Wahre –,* die es wert ist, daß man für sie kämpft und sich für sie aufopfert. Niemand kennt sie wirklich, aber jeder kann sie erahnen und ihr folglich in seiner Arbeit und in seiner Lebenseinstellung dienen. Das Ideal, das man verfolgt, zählt als solches wenig, wesentlich ist, daß man mit seinem ganzen Herzen daran glaubt und seine Überzeugungen immer an ihm ausrichtet. Aber die Suche nach einem Ideal ist auch hilfreich, wenn man die Last des Alltäglichen vergessen möchte, jenes aufreibende Drum und Dran, das die Existenz mit seiner Kleinlichkeit und seinen Zwängen verdüstert. Sie ist eine Flucht in eine überirdische Welt, in der es Lüge, Häßlichkeit und Gemeinheit nicht mehr gibt, in der der Mensch wirklich frei ist und in der sich nichts mehr seinen Höhenflügen in den Weg stellt. Schiller hat dies in einem berühmten Vers so ausgedrückt: *Fliehet aus dem engen dumpfen Leben in des Ideales Reich.*

Der Begriff *Gemüt* ist eines der Schlüsselwörter der deutschen Sprache. Das, was er versinnbildlicht, ist unauflöslich mit der Vorstellung von „Idealismus" oder besser dem *Streben* nach einem Ideal verknüpft. Die Wörterbücher geben die außerordentliche Komplexität des Wortes nur unzureichend wieder. *Gemüt* haben heißt, den geistigen Werten große Bedeutung beizumessen, ein intensives Innenleben zu kennen, über eine wirkliche Seelenkraft und -größe zu verfügen, Sympathien für die Menschen zu empfinden, Anteil an ihren Leiden zu nehmen und einer umfassenden und tiefgreifenden Großherzigkeit fähig zu sein. Das *Gemüt* hat deutsche Denker und Schriftsteller immer wieder inspiriert, weil es im Grunde ein Synonym für Innerlichkeit ist. Derjenige, der über die Gabe des Gemüts verfügt, ist in der Tat in der Lage, der Welt und ihren Eitelkeiten den Rücken zuzukehren und im Rückbezug auf sich selbst sein wirkliches „Ich" zu finden. Die Deutschen sind der Ansicht, daß das *Gemüt* eine typisch deutsche Eigenschaft ist. Den Ausdruck *deutsches Gemüt* gibt es seit dem 15. Jahrhundert, und ursprünglich deckte er nur die Begriffe Redlichkeit und Zuverlässigkeit ab. Im Laufe der Jahre erfuhr er eine Bedeutungserweiterung – zunächst durch die Aspekte von Dankbarkeit und Opferbereitschaft und schließlich von Gedankentiefe und Inbrunst. Im heutigen Wortsinn bezieht er die gesamte Palette der positiven Eigenschaften ein, die das deutsche Volk sich selbst zuschreibt.

Der Idealismus – gehobene Ebene

Der deutsche *Idealismus* ist mehr als eine überspannte Träumerei oder eine verzückte Selbstvergessenheit. Sicherlich, er taucht in den Wachträumen auf und wird von schwärmerischen Empfindungen aufrechterhalten. Aber die Art und Weise wie die Deutschen einem Ideal nacheifern, hat einen ganz und gar realistischen Aspekt. Das Ziel, das man verfolgt, ist zumeist klar umrissen und entstammt keineswegs dem Reich der Chimären.

Der Deutsche sagt gern geradeheraus, was er denkt und empfindet, er versucht nicht, seine Gefühle zu „verfälschen". Seine Leichtgläubigkeit, seine Aufrichtigkeit und sein Vertrauen in andere sind geprägt von Unbefangenheit, aber auch von Naivität. Er ist mit jener „probité candide" (Rechtschaffenheit ohne Falsch) ausgestattet, von der Victor Hugo sprach, die die Glückspilze, aber auch die von der Geschichte Betrogenen auszeichnet.

Der *Idealismus* des Deutschen ist großherzig. Man kann ihn im Namen und im Dienst eines Ideals zu allem Möglichen veranlassen: auf eine Liebe zu verzichten, sich für eine anspruchsvolle Sache abzumühen oder sein Leben zu opfern. Der *Heldentod* ist sogar integrierender Bestandteil der Mythologie des Erhabenen: Derjenige, der den „Heldentod" erleidet, kann sicher sein, eines der ruhmreichsten Ideale, die es gibt, verwirklicht zu haben. Durch einen solchen Akt kann er ein Leben aufwerten, das sonst in Bedeutungslosigkeit verlaufen wäre.

Der *Idealismus* kennt keine Grenzen, er steht jenseits von Epochen und Gattungen. Die deutsche Romantik versinnbildlicht diesen Willen, alles in einem ungeheuren Drang zum Erhabenen hin zu umfassen, vortrefflich. Sie hatte den verrückten Ehrgeiz, das Leben zu poetisieren, Wissenschaft und Kunst zu versöhnen und versuchte, indem sie dem Wunderbaren und Übernatürlichen einen größeren Platz einräumte, die dunklen Seiten der menschlichen Seele zu erhellen und das Geheimnis des Todes nicht mit dem Verstand, sondern mit dem Herzen zu erfassen.

Oft ist der Deutsche nicht in der Lage, allen Idealen, die er in sich trägt, wirklich zu folgen. Wenn sie kollidieren, brauen sich in seinem Inneren Stürme zusammen, die ihn matt und verstört zurücklassen. In seiner Verwirrung phantasiert er sich ein völlig verrücktes Pseudo-Ideal zurecht. Ihm widmet er sich mit ebenso großem Eifer und mit der gleichen Opferbereitschaft wie einem wirklichen Ideal. Das erklärt jene Art von kollektiver Verirrung, von der das deutsche Volk manchmal ergriffen wird, sowie die Verblendung, mit der es für ungerechte Sachen eintritt. Nur eine Katastrophe nationalen Ausmaßes kann es in diesem Fall heilen, wenn das falsche Ideal, das es im Bann hält, zerstört wird.

Zweifellos trägt der *Idealismus* zur Größe der Deutschen bei. Aber gleichzeitig macht er sie verwundbarer und versperrt ihnen eine objektive Sicht der Realitäten. Die Deutschen möchten so gern, daß die Welt so ist, wie sie sein sollte, und vergessen dabei, sie so zu sehen, wie sie ist. Schopenhauer, der seine Landsleute gut kannte, sagte über sie: „Ein eigentümlicher Fehler der Deutschen ist, daß sie, was vor ihren Füßen liegt, in den Wolken suchen."

Der Idealismus – praktische Ebene

Wenn der *Idealismus* auf der Ebene der Ideen und Empfindungen Quelle der Freude sein kann, so ist er häufig auch Ursache von Leiden auf der praktischen Ebene. Der Idealist, der in seiner Vorstellung in einer vollkommenen Welt lebt, wird in der Wirklichkeit immer wieder mit der menschlichen Bösartigkeit und Unvollkommenheit konfrontiert. Seine Naivität ist Gegenstand des Gespötts, und man nutzt seine Leichtgläubigkeit und seinen guten Willen schamlos aus.

Der kollektive *Idealismus* der Deutschen unterliegt demselben Schicksal. Nur selten kann er den Realitäten Rechnung tragen, mit denen andere Völker gut zurecht kommen. Er ist unfähig, verschlungene und unlautere Beweisführungen zu verstehen, weil er sich nicht vorstellen kann, daß diese existieren könnten. Die Deutschen lassen sich oft von Leuten betrügen, die sehr viel weniger intelligent sind als sie, schlicht und einfach, weil sie nicht durchtrieben genug sind. Wenn ihnen solche Abenteuer zustoßen (und unter der Bedingung, daß sie sich dessen bewußt werden, was nicht notwendigerweise der Fall ist), dann leiden sie eher darunter, als daß sie Ärger oder Wut empfinden. Ein Idealist, den man getäuscht oder ausgenutzt hat, sieht ein Gebäude von Schönheit, Wahrheit und Güte zusammenstürzen, das er für unzerstörbar gehalten hatte. Der Verlust von Illusionen macht traurig, löst jedoch nicht unbedingt eine Revolte aus.

Die Deutschen versuchen gegen diese Schwäche anzukämpfen. Aber wenn sie anfangen, machiavellistisch zu werden, scheitert das Unterfangen ganz bestimmt, denn ihre – zu durchsichtigen – Ränke täuschen niemanden. Für List und Tücke fehlt ihnen die Begabung. Die Verschwörung liegt ihnen nicht im Blut und ist folglich zum Scheitern verurteilt. Da, wo es jener listigen Intuition und jenes Quentchens von Boshaftigkeit bedürfte, die die Grundlage jeder wirkungsvollen Intrige bilden, kann der Deutsche nur eine ziemlich linkische Unaufrichtigkeit beisteuern. Und selbst diese kann er noch nicht einmal wirklich zu seinem Nutzen verwerten, da das schlechte Gewissen, das ihn plagt, wenn er vom rechten Weg des Idealismus abkommt, ihn eines großen Teils seiner Fähigkeiten beraubt. Auf praktischer Ebene erweist sich der Idealismus für ihn offensichtlich eher als Handicap denn als Trumpf.

Bei fast allen Deutschen passen Idealismus und Sentimentalität gut zusammen. Sie mögen die edlen Gefühle und können auch im Alltagsleben nicht genug davon bekommen. Eine etwas gekünstelte Sensibilität bringt sie dazu, Vergnügen an Dingen zu finden, die anderswo nur langweilen würden: oberflächliche Höflichkeiten, rituelle Gebärden, Zeichen des Einverständnisses – kurz, alles was zeigt, daß die Ideale, mit denen man lebt, von anderen geteilt werden. Bei einem Deutschen können Situationen, die einem Franzosen oder Engländer nur ein Gähnen entlocken würden, eine tiefe Rührung auslösen.

Man kann Deutsche sehr viel leichter als Angehörige anderer Völker „in Stimmung bringen". Sie reagieren schneller und intensiver auf bestimmte Reize. Man muß nur einige „Rezepte" kennen und kann dann sicher sein, die gewünschten Reaktionen hervorzurufen. Diese offenliegende Sensibilität macht die Deutschen zu geborenen Opfern von Scharlatanen und anderen Demagogen.

Der Idealismus – niedere Ebene

Der Tiefsinn der Deutschen, das berühmte *Gemüt,* ist häufig Ausdruck einer großen psychischen Schwäche, der totalen oder partiellen Unfähigkeit, hinsichtlich ganz bestimmter Grundprinzipien Stellung zu beziehen. Daß ihnen dieser moralische Orientierungssinn fehlt, verdammt manche Deutsche dazu, sich entweder im Kreise zu drehen, das heißt traditionelle Werte, die als Bezugspunkt dienen können, aufzugeben, oder sich in ein Labyrinth von Maßlosigkeit und Gewalttätigkeit einschließen zu lassen. Thomas Mann hat geschrieben, daß die von den Deutschen in der Nazizeit begangenen Verbrechen in gewisser Weise ein Luxus waren, den sie sich zu Ehren einer wahnsinnigen Ideologie und aufgrund eines von der Welt der Realitäten vollständig losgelösten Idealismus geleistet haben.

Vom *Idealismus* zum Fanatismus ist nur ein kleiner Schritt. Wer über diese Grenze hinausgeht, gerät in ein Räderwerk, das jede logische Argumentation ad absurdum führt, und fällt, ohne es richtig zu merken, in das Reich des Bösen. Ein satirischer Schriftsteller, Karl Kraus, hat die berühmte Formel *Ein Volk der Dichter und Denker,* die die Deutschen so gern auf sich selbst anwenden, in *Ein Volk der Richter und Henker* umformuliert. Sicher ist das eine Übertreibung, die der Pamphletist sich erlauben kann, um Exzesse zu geißeln. Es ist jedoch richtig, daß viele Deutsche sich unter bestimmten Umständen brutal und ohne das geringste Schuldgefühl der moralischen Fesseln zu entledigen wissen. Es vollzieht sich in ihnen dann etwas wie eine Bewußtseinsstörung: sie begehen die schlimmsten Missetaten, haben aber niemals das Gefühl, nicht im Einklang mit sich selbst zu sein oder etwas Böses zu tun. Ein klassisches Beispiel dafür sind die Nazihenker, die ein harmonisches Familienleben mit der täglichen „Vollstreckung der Todesstrafe" und anderen Greueltaten verbanden; in ihrem Privatleben zeichnete sie eine große Sensibilität aus, aber bei der Ausübung ihres „Berufes" waren sie völlig gefühllos. Manche weinten vor Rührung, wenn sie der Musik Schumanns in einem Konzert des Gefangenenorchesters lauschten, dessen Mitglieder einige Wochen später vergast wurden. Andere lasen Hölderlin, während sie die Ermordung der jüdischen Häftlinge überwachten. Heydrich war verrückt nach Mozart und spielte Geige. Himmler liebte Hunde und züchtete Blumen. Hitler mochte Kinder sehr gern. Die Organisatoren des Völkermords brachten es fertig, sich am Tage zusammenzusetzen, um über die Erhöhung der Kapazität der Verbrennungsöfen in den Konzentrationslagern zu diskutieren und sich am Abend bei einem Kammermusikkonzert zu treffen. Die Gefängniswärter von Auschwitz mißhandelten die Gefangenen in unmenschlichster Weise, waren aber entrüstet, daß diese sich gegenseitig Nahrungsmittel wegnahmen. Ohne sich der Ungeheuerlichkeit ihres Tuns bewußt zu werden, legten sie an völlig ausgehungerte Wesen dieselben ethischen Maßstäbe an, die in einer normalen Umgebung das menschliche Verhalten regeln.

Bei manchen Deutschen können *Gemüt* und Niedertracht nebeneinander bestehen, ohne daß dies ihre Verhaltensweise verändert oder ihr Gewissen stört. Die „Banalität des Bösen", von der Hannah Ahrendt spricht, hat es Mengele ermöglicht, bis ins hohe Alter glücklich zu leben, ohne jemals von der Erinnerung an seine Opfer heimgesucht zu werden. Rudolf Hoess, der Lagerkommandant von Auschwitz, hat in seinen autobiographischen Notizen geschrieben, daß es ihm wie ein Verrat am Führer vorgekommen wäre, wenn er Mitleid mit den Opfern empfunden hätte. Dieser schreckliche Satz macht deutlich, wie weit ein pervertiertes Ideal die Menschen treiben kann. Die Deutschen haben auf diesem Gebiet das traurige Privileg, mit dem Nationalsozialismus „den verzweifeltsten Angriff, der je gegen das menschliche Wesen und die Transzendenz in ihm geführt wurde"[7], unternommen zu haben.

[7] Ernst Nolte: Natur und Widernatur im Denken Hitlers.

Kapitel X

Die Treue

Unter den Begriffen, auf die sich der Mythos des Erhabenen gründet, nimmt die *Treue* einen besonderen Stellenwert ein, weil ihr nach Ansicht der Deutschen eine besondere affektive Bedeutung zukommt. Das Wort *Treue* umfaßt die Rechtschaffenheit im allgemeinen (das heißt den Willen, sich den eingegangenen Verpflichtungen niemals zu entziehen), aber auch die Dauerhaftigkeit von Bindungen, welche auf Liebe, Freundschaft oder Achtung basieren, die Beständigkeit der Hingabe und die Stärke der Zuneigung. Treu sein bedeutet für den Deutschen, sich mit Leib und Seele, auf Leben und Tod, im Guten wie im Bösen hinzugeben, unwandelbar in seinen Empfindungen und Neigungen zu sein und fest verankert allen Stürmen zu trotzen. Für die Deutschen ist die *Treue* der unwiderlegbare Beweis für Seelengröße, der unmittelbare Weg zum Erhabenen. Sie versinnbildlicht die besten Wesenszüge des Menschen.

Die *Treue* ist in den Augen der Deutschen die Eigenschaft, die es erlaubt, den Charakter eines Individuums wirklich zu beurteilen. Um immer *treu* zu bleiben, muß man sich in der Tat durch viel Mut, Energie und Redlichkeit auszeichnen. Nur ein niederträchtiges Wesen ist *treulos.* Gerade bei Schicksalsprüfungen hat man die Gelegenheit zu beweisen, was wirkliche *Treue* ist, nämlich den Verlockungen des Ehrgeizes zu widerstehen, nicht der Leichtfertigkeit nachzugeben, sich nicht in Versuchung führen zu lassen, keine Angst zu zeigen – kurz, *den inneren Schweinehund* zum Schweigen zu bringen. Während der Idealismus eher in der Aufopferung für eine Sache besteht, setzt die *Treue,* um sich zu erweisen, direkte menschliche Bindungen und damit affektive Beziehungen voraus. Sie manifestiert sich in einer großherzigen Regung, die sich aus Bewunderung, Verzicht und Opferbereitschaft zusammensetzt. Derjenige, dem man treu ist, wird auf einen Sockel gestellt: was er auch denkt, was er auch sagt, was er auch tut – man ist einverstanden. In der *Treue* ist ein freiwilliger Akt der Unterwerfung unter ein Individuum enthalten, eine Weigerung, dieses anders denn als vollkommen anzusehen. Das führt in den zwischenmenschlichen Beziehungen zu einer Ambiguität hinsichtlich der Rollenverteilung unter den Partnern: dem Dominierenden gelingt es, einen sehr starken, manchmal zu starken Einfluß auf den Schwächeren auszuüben; dieser wiederum kann in Grenzfällen dazu gebracht werden, auf die Freiheit seines Denkens zu verzichten, das heißt sich völlig der Bevormundung durch den anderen zu unterwerfen. Auf diese Weise kann die *Treue* zu einem Instrument der Unterdrückung werden.

Über die *Treue* stellt man *die deutsche Treue,* die so oft von den Dichtern besungen worden ist. Das ist eine Treue, die ergänzt wird durch typische deutsche Charaktereigenschaften, wie zum Beispiel Herzlichkeit, Zuverlässigkeit und Beharrlichkeit – kurz, sie ist maßlos geworden. In völliger Blindheit verzichtet sie auf jegliche moralische Kontrolle der Handlungsweise des anderen. Als Beispiel sei die tragische Figur des Hagen angeführt, der zu den umstrittensten Gestalten der deutschen Literatur gehört. Im Nibelungenepos erscheint er wie der Archetypus des Vasallen. Aus maßloser *Treue* und um seinem Herrn Gunther einen Gefallen zu tun, bringt er Siegfried hinterhältig um und enttäuscht auf diese Weise das Vertrauen, das Kriemhild in ihn gesetzt hatte. Um Gunther treu zu sein, bricht er die *Treue* zu Kriemhild und Siegfried und wird auf diese Weise zum Symbol des heimtückischen und verräterischen Ritters.

Für die Deutschen gibt es keine größere Tugend als die *Treue* und keinen schlimmeren Vorwurf, als untreu zu sein.

Die Treue – gehobene Ebene

Sich selbst treu zu sein, ist vielleicht die schwierigste Form der *Treue.* Veränderungen nicht an sich herantreten zu lassen, wo das Leben selbst einen dazu einlädt, an seinen Überzeugungen festzuhalten, was auch immer geschieht, immer das gleiche Verhalten an den Tag zu legen, die Ansichten, für die man in seiner Jugend eingetreten ist, im reiferen Alter nicht zu verraten – das verlangt Charakterstärke. In gewisser Weise gehört es zum Wesen des Deutschen, sich selbst treu zu bleiben. Es käme ihm überhaupt nicht in den Sinn, es nicht zu sein, nicht weil ihm dafür die Vorstellungskraft fehlte, sondern weil er davon überzeugt ist, daß das, was einmal gewesen ist, niemals ausgelöscht werden kann und daß die Beständigkeit vielleicht das einzige Mittel ist, das Nichts zu negieren. Warum sollte man sich ändern, wenn das den natürlichen Lauf der Dinge unterbricht, ohne mehr Glück mit sich zu bringen?

Ein atheistischer Deutscher wird nicht gläubig und vice versa. Wenn er ein „Linker" war, wird er sich den Reihen der „Rechten" niemals anschließen und umgekehrt. Wenn er sich einmal einer Idee verschrieben hat, wird er sie in keinem Fall verraten. Was ihn geprägt hat, als er jung war, wird seine Handlungsweise noch im Alter beeinflussen. Man kann sicher sein, daß er in zwanzig oder dreißig Jahren sich selbst gleich geblieben sein wird, mit denselben positiven wie negativen Charaktereigenschaften. Seine Freude, einem früheren Bekannten wiederzubegegnen, wird absolut aufrichtig sein, denn da er sich selbst nicht verändert hat, wird er der Meinung sein, daß dieser es auch nicht getan hat und ihm daher dieselbe Person gegenübersteht, mit der er einst vertraut war. Er wird ihn genauso behandeln, wie er es früher getan hat.

Es ist unter diesen Bedingungen nicht verwunderlich, daß die Freundschaft, das Gefühl, das mehr als jedes andere auf der *Treue* basiert, eine bedeutende Rolle für die Deutschen spielt. Einen Freund wiederzufinden, heißt das nicht, sich selbst wiederzufinden? Ist nicht seine Erinnerung die unsere? Sind seine

Freuden und Sorgen nicht diejenigen, die wir auch selbst empfinden? Freundschaften zwischen Deutschen sind beständig und selbstlos und gehen sehr viel weiter als Kameradschaft. Man ist immer bereit, seinem Freund zu helfen, wenn er es nötig hat, ihn aufzufangen, wenn seine Stimmung niedergeschlagen ist, ihn zu trösten, wenn er traurig ist. Die Deutschen knüpfen ihre Freundschaften fast immer in ihrer Jugend und halten im allgemeinen bis zum Tode an ihnen fest. Trennungen und andere Wechselfälle des Lebens berühren sie kaum. An die Stelle der Vertrautheit der Jugend, mit ihren Geheimnissen, überströmenden Träumereien und kühnen Vorhaben, treten bei fortschreitendem Alter gegenseitige Unterstützung und tiefsinnige Gespräche über den Sinn des Lebens.

In Deutschland ist der bevorzugte Bereich, in dem die Freundschaft zum Tragen kommt, nicht das Abenteuer und die gemeinsame Unternehmung, sondern der Meinungsaustausch, bei dem jeder Einblick in seine Empfindungen, seine Probleme und seine intimsten Gedanken gewährt. Von einem bestimmten Alter an kostet es eine unendlich größere Überwindung, jemandem das tiefste Innere seines Wesens zu enthüllen (das, was man mit zwanzig so gerne tut), mit allen seinen enttäuschten Hoffnungen und verlorenen Illusionen, als ihm von beruflichen Mißerfolgen und unerfüllten Liebschaften zu erzählen. Da muß man doch wohl blindes Vertrauen zu diesem Freund haben und von seiner *Treue* überzeugt sein, um ihm in dieser Weise sein Herz auszuschütten! Er wird alles verstehen, auch wenn man nur Andeutungen macht, und er wird gegebenenfalls tröstende Worte zu finden wissen. Diese Art von Freundschaft ist vielleicht das kostbarste Geschenk, das das Schicksal einem Deutschen machen kann. Sie entschädigt ihn für tausenderlei Schicksalsschläge und Mißgeschicke und bleibt sein ganzes Leben lang eine Quelle intensiven Glücksempfindens. „Die Freundschaft ist Glückseligkeit“, hat Klopstock geschrieben.

Die Treue – praktische Ebene

Das alte Sprichwort *Wes' Brot ich ess, des Lied ich sing'* spiegelt den Geist der *Treue,* der in der deutschen Gesellschaft vorherrscht, hervorragend wider. Man ist loyal gegenüber seinem Chef, weil man sich ihm in ähnlicher Weise verbunden fühlt wie in früheren Zeiten der Vasall gegenüber dem Souverän. Diese Loyalität im Dienst des Unternehmens ist ein großer Vorteil für die Wirtschaft. Sie konkretisiert sich in einem bemerkenswerten Arbeitseifer, einem hohen Grad an beruflichem Verantwortungsgefühl und einem gewissen Stolz, zu einem bestimmten Unternehmen zu gehören. Das schließt die Mobilität keineswegs aus: wenn man es als Vorteil empfindet, wechselt man seine Arbeitsstelle ebenso oft und auch gern wie anderswo. Man überträgt einfach die *Treue,* die man dem alten Arbeitgeber entgegengebracht hat, auf den neuen. Das Treueverhältnis gilt nur für die Zeit des Vertrages, aber solange wird es vollständig respektiert.

Die *Treue* kommt auch noch in der entgegengesetzten Richtung zum Tragen. Der deutsche Vorgesetzte widmet im allgemeinen – in der privaten Wirtschaft gleichermaßen wie in der Verwaltung – den sozialen Forderungen große Aufmerksamkeit und dies nicht nur aus eigennützigen Motiven. Er fühlt sich für sein Personal verantwortlich und entzieht sich dem nicht. Das, was man „die guten und aus Pflichtgefühl geleisteten Dienste“ nennt, wird in Deutschland besonders gut belohnt. Man tut zum Beispiel alles, um einen kranken Angestellten, dessen Leistungen man viele Jahre geschätzt hat, in seiner Stelle zu belassen. Einen anderen, dem zwei oder drei Jahre fehlen, um Anspruch auf eine Rente zu haben, wird man mit einem symbolischen Amt betrauen, damit er die Anzahl der Jahre, die erforderlich sind, erreicht. In Deutschland läßt man die Leute niemals „fallen“: wer „treu“ war, kann immer damit rechnen, daß man sich wiederum ihm gegenüber als treu erweist.

Der Deutsche zeigt seine *Treue* auch dadurch, daß er an den unzähligen Feierlichkeiten und Festivitäten teilnimmt, die das soziale Leben der Deutschen prägen. Man legt beispielsweise mit Leichtigkeit 500 km und mehr zurück, um an der Geburtstagsfeier einer Person teilzunehmen, der man sich verbunden fühlt – etwa durch Freundschafts- oder Geschäftsbeziehungen, politische Übereinstimmung oder gewerkschaftliche Aktivitäten – und mit der man im Gewühl (denn mehrere Hundert weitere Personen sind mit demselben Anliegen gekommen) nur ein paar Worte wechseln kann. Das hat aber keinerlei Bedeutung, weder für den einen noch für den anderen: allein durch seine Anwesenheit drückt man seine *Treue* aus, und die Person, die man auf diese Weise ehrt, weiß den Wert dieser Geste zu schätzen.

Neben der *Treuepflicht* gibt es die *Pflichttreue,* die eine ebenso bedeutende Rolle spielt. Es handelt sich dabei um die Sorgfalt, die Gründlichkeit und Gewissenhaftigkeit, mit der man seine Pflicht erfüllt. Der Deutsche ist der Ansicht, daß es eine absolute Notwendigkeit ist, den beruflichen, politischen oder anderen Verpflichtungen, die der Alltag mit sich bringt, nachzukommen. Wegen dieser Einstellung werden manchmal die Anweisungen so peinlich genau ausgeführt, daß man die ethischen Aspekte völlig aus den Augen verliert.

Die Treue – niedere Ebene

Seit mehreren Jahrhunderten wird die *Treue* von den Deutschen als nationale Tugend und in gewisser Weise als zweite Natur angesehen. Sie waren so stolz darauf, daß sie vor noch nicht so langer Zeit glaubten, anderen Völkern ein Beispiel geben zu können.

Während sich anderswo in den Beziehungen zwischen dem Individuum und den Obrigkeiten ein aufsässiger Geist oder zumindest eine gesunde Streitkultur entwickelte, brachte *die deutsche Treue* bei manchen Deutschen jene Ausgeburt eines fehlgeleiteten Abhängigkeitsgefühls hervor, das man *Unterta-*

nengeist nennt. Das Individuum kriecht vor der Obrigkeit zu Kreuze und wird, um loyal zu sein, zu einem Untergebenen ohne Rückgrat. Es unterwirft sich den Schikanen, die „von oben" kommen, in der festen Überzeugung, daß seine *Treuepflicht* es ihm untersagt aufzumucken. Um vor sich selbst nicht als Schwächling zu erscheinen, macht er in seinem Unterbewußtsein kehrt und befindet sich somit wieder in Einklang mit seinem Gewissen: er findet die Entscheidungen der Obrigkeit *gut.* Nach seinen Überzeugungen müßte er diese oder jene Maßnahme kritisieren, sein Unbewußtes rät ihm jedoch, sie gut zu heißen. Indem er sie für gerecht oder gut oder notwendig erachtet, löst er sich aus dem psychologischen Dilemma, das ihn sonst belasten würde, und fühlt sich folglich in vollkommener Harmonie mit dem, was man ihn zu denken oder zu tun nötigt.

Ein solches Verhalten führt unmittelbar zu dem, was die Deutschen selbst den *Kadavergehorsam* nennen – den starren, blinden Gehorsam, der überhaupt keine Fragen stellt und der weder die Berechtigung noch den Sinn dessen, was man von ihm zu tun verlangt, überprüft. Der *Kadavergehorsam,* die äußerste Perversion der *Treue,* bedeutet nichts anderes als die Durchführung einer Anordnung durch eine Person, die freiwillig akzeptiert hat, jegliches eigene Urteilsvermögen abzuschalten, und die einer Obrigkeit – einem charismatischen Menschen, einer Partei oder einer Institution – die Entscheidungsgewalt überläßt. Man verläßt sich vollständig auf sie, aus freien Stücken, heiter und in dem sicheren Gefühl, daß sie schon alles bestens richten wird. Die Parole *Führer befiehl, wir folgen dir,* die Millionen Deutsche noch skandierten, als längst klar war, daß der Krieg verloren war, ist das klassische Beispiel einer solchen Selbstaufgabe. In seinem Buch *Die Deutschen* erinnert Johannes Gross daran, daß die konspirierenden Offiziere, die das Attentat vom 20. Juli 1944 gegen Hitler vorbereiteten, sich bis zum letzten Augenblick gefragt haben, ob sie wirklich den Treueid auf den Führer brechen durften. Einige von ihnen haben aus diesem Grunde die Teilnahme am Putsch verweigert.

Vierter Teil

Prinzipien über alles

Nichts achtet der Deutsche mehr als seine *Prinzipien.* Die Entschiedenheit, mit der er ihnen normalerweise treu ist, ist noch größer, wenn es um moralische Vorschriften oder Verhaltensregeln geht. *Seinen Prinzipien treu bleiben* ist eine Redensart, mit der man in Deutschland alles entschuldigen kann: irgendjemand hat seine Kollegen getäuscht, unzähligen Personen Unglück gebracht, seine Kinder ins Elend gestürzt – das alles spielt keine Rolle, wenn er seinen Prinzipien treu geblieben ist! Die *Prinzipien* stehen über allem und haben immer recht. Man ist bereit, sich selbst, aber auch die anderen für sie zu opfern, wenn dies erforderlich ist.

Genauer gesagt ist der Deutsche vor allem *seinen* Prinzipien treu, das heißt denjenigen, die er für sich selbst aufgestellt hat. Bevor er sie sich zu eigen gemacht hat, hat er sie sorgfältig analysiert, abgewogen und beurteilt. Dadurch fühlt er sich um so stärker, um nicht zu sagen definitiv, an sie gebunden. Nichts wird ihn dazu bringen, sie aufzugeben, selbst nicht die Unannehmlichkeiten, die sie für ihn nach sich ziehen können oder die Gefahren, denen er sich durch sie ausgesetzt sieht. Um sie zu verteidigen, stürzt er sich verbissen, selbstlos und mutig in den Kampf. Es ist ihm äußerst angenehm, sich von ihnen leiten zu lassen, da ihm auf diese Weise Selbstzweifel und Gewissensqualen erspart bleiben. Andererseits kann damit auch eine gewisse *Prinzipienreiterei* einhergehen, jener kleinliche Eigensinn, der darin besteht, daß man seine *Prinzipien* auf alles, selbst auf Dinge, für die es sich nicht lohnt, anzuwenden versucht.

In Deutschland werden die *Prinzipien* nur selten kritisch beurteilt. Sie werden ein für allemal gesetzt, und ihre Anwendbarkeit muß nicht immer wieder von der Vernunft überprüft werden. Wenn eine falsche Idee bei den Deutschen zum Prinzip erhoben wird – was angesichts ihrer Neigung zu rasch aufflammender Begeisterung für Ideale ziemlich häufig vorkommt –, ist es schwierig, wenn nicht unmöglich, sie ihnen wieder aus dem Kopf zu schlagen. Sie errichten dann auf dieser falschen Idee ein ganzes Gebäude von Theorien, analysieren sie mit scharfsinnigen Methoden, benutzen sie als Vorbild, dem es nachzueifern gilt, kurzum, sie denken richtig, gehen aber von ethisch falschen Grundideen aus. Das auf diese Weise konstruierte „System" wird seinerseits *Prinzipien* hervorrufen, die in ihrem Kielwasser neue falsche Ideen nach sich ziehen, und so fort.

Es ist den Deutschen egal, daß das Festhalten an *Prinzipien* sie unbeliebt macht. Es ist ihnen auch gleichgültig, angegriffen oder gehaßt zu werden, wenn sie für *ihre* Prinzipien kämpfen und es ihnen gelingt, sie durchzusetzen. Das, was man bei ihnen für Kälte hält, ist häufig nur eine tiefsitzende Indifferenz gegenüber dem, was das Anwendungsfeld dieser Prinzipien nicht berührt. „Ich habe meine Prinzipien" ist für sie gleichbedeutend mit: „dieses ist mein gutes Recht, und alles andere muß sich dem fügen". Weil sie sich unbedingt an ihren *Prinzipien* festklammern wollen, verlieren sich manche Deutsche in Vorurteilen und werden rundweg intolerant.

Die Prinzipientreue ist eng mit der *deutschen Gründlichkeit* verbunden, dieser etwas bornierten Starrköpfigkeit, mit der man die Dinge angeht, analysiert und abhandelt. Der Deutsche legt eine eigensinnige Sorgfalt darein, bis zum Grund der Probleme vorzustoßen und sie methodisch und vollständig zu lösen, um ja nichts im Dunkeln zu lassen. Er fühlt sich unwohl, wenn die Dinge nur halb erledigt sind. Er verabscheut Ungenauigkeiten und Halbherzigkeiten. Provisorische Lösungen und Grauzonen stören ihn in seiner intellektuellen Bequemlichkeit und bringen sein psychisches Gleichgewicht durcheinander. Er bedarf eines soliden Terrains von Gewißheiten. Nur wenn er weiß, daß ein Problem gelöst ist, und zwar *gut* gelöst, kann er sicher sein, daß er nicht wieder darauf zurückkommen muß. Der Deutsche ist stets im Begriff, tabula rasa zu machen, auf psychologischem Gebiet ebenso wie auf der materiellen Ebene, im wörtlichen wie im übertragenen Sinn. Erst wenn er alles „erledigt“ hat, wenn keine Akte mehr auf seinem Schreibtisch und kein Werkzeug mehr auf seiner Werkbank liegt, wenn keine Frage seine Gedanken mehr beschäftigt, erst dann ist er wirklich zufrieden, erst dann gelingt es ihm, zur Ruhe zu kommen.

Die *Gründlichkeit* ist eine der zahlreichen Charaktereigenschaften der Deutschen, in denen ihr quälerisches *Streben* nach Vollkommenheit offenbar wird. Ständig sind sie damit beschäftigt, sich um Nebensächlichkeiten zu kümmern oder kleinere Mängel aufs Korn zu nehmen. Nichts ist sicher vor der *deutschen Gründlichkeit,* philosophische Systeme ebensowenig wie Konzentrationslager. Mit derselben Sorgfalt und derselben gewissenhaften Pflichterfüllung, mit der man die Komponenten des menschlichen Denkens inventarisiert, legt man ein Verzeichnis der Goldzähne an, die man den Gefangenen abgenommen hat. Ob man denkt oder mordet, man macht es gründlich, mit Methode und Gewissenhaftigkeit. Die *Gründlichkeit* wird häufig zu einem Wert an sich, den man aus seinem Kontext herauslöst und dem man hinsichtlich des Zwecks oder der Aufgabe, zu deren Erfüllung sie beitragen soll, zuviel Bedeutung beimißt.

Prinzipien sind in erster Linie Schranken, die die Deutschen darauf verweisen, wie weit sie gehen können, Absperrungen, die verhindern, daß sie in einen Abgrund fallen. In der Tat sind sich viele Deutsche der Maßlosigkeit, zu der sie der Lebensdrang und der Mythos des Erhabenen hinreißen können, vollkommen bewußt. Die Selbstbeschränkung, die sie sich auferlegen, indem sie sich immer und überall strengen Verhaltensnormen unterwerfen, ist eine Kontrolle über sich selbst, die sie für unabdingbar halten. Wie Paul Münch[8] in seiner Untersu-

[8] Paul Münch, *Ordnung, Fleiß und Sparsamkeit.* Die in den Kapiteln VIII, XI und XVI zitierten Stellen sind im wesentlichen dieser Dokumentation entnommen.

chung über die bürgerlichen Tugenden in Deutschland hervorhebt, wurde der Deutsche noch im 16. Jahrhundert als ein Individuum betrachtet, das vor Lebensfreude überschäumte, vergnügungssüchtig war und in allem zur Übertreibung neigte. Aber kaum zwei Jahrhunderte später bezeichnete Kant seine Landsleute als ordentlich, tatkräftig, sauber und nicht sehr verschwenderisch. Das liegt daran, daß sich in der Zwischenzeit die berühmten bürgerlichen Tugenden herausgebildet hatten – Ordnung, Arbeitseifer, Sparsamkeit und Sauberkeit –, die die natürliche Neigung der Deutschen zur Zügellosigkeit in Schranken weisen sollten. Sehr schnell wurden sie zu sittlichen Geboten, und ihnen eiferte das gesamte Volk in seiner Verhaltensweise nach, so daß sie im Selbstbildnis der Deutschen und in der Vorstellung, die sich andere von ihnen machten, tiefe Spuren hinterlassen haben.

Kapitel XI

Die Ordnung

Es muß alles seine Ordnung haben – Ordnung regiert die Welt – Ordnung ist das halbe Leben – Ordnung ist die Seele aller Dinge – Wo keine Ordnung ist, ist auch kein Sieg. Magisches Schlüsselwort des Erfolges, Sesam-öffne-dich der Perfektion, Geheimcode zur Erlangung des inneren Friedens – *die Ordnung* ist alles zugleich. Für die Deutschen ist die *Ordnung* nicht mit einem reaktionären Nimbus umgeben und steht dem Fortschritt keineswegs im Wege. Im Gegenteil, weil sie Ruhe und Stabilität gewährleistet und zu methodischem und präzisem Vorgehen bei allen Aktivitäten zwingt, ist sie unabdingbare Voraussetzung jeden menschlichen Fortschritts. Ohne *Ordnung* würde man vergeblich hoffen, eines Tages in jener besten aller möglichen Welten zu leben, die in den Augen der Deutschen nicht ohne Regeln, Disziplin und Gehorsam existieren kann. Harmonie besteht nur, wenn jedes Ding an seinem Platz ist und jedes Wesen die ihm zustehende Stellung einnimmt, wenn Normen und Formen respektiert werden.

Für Deutsche ist es unerläßlich, *Ordnung* zu haben und in einer Welt zu leben, in der *Ordnung* herrscht. In der Tat ist nur die *Ordnung* imstande, den inneren Frieden zu sichern. Damit der Kopf ordentlich funktionieren und die Seele sich frei fühlen kann, muß der Körper in einem geordneten Rahmen leben. Der Deutsche kann es nicht ausstehen, wenn er sich nicht „zurechtfindet" – in seinen Sachen wie in seinen Gedanken, im Beruf wie in seinem Gefühlsleben. Er liebt klare Verhältnisse. Er möchte wissen, woran er ist und wie es weitergehen soll. Er ist ein Gewohnheitstier und möchte alles genau geregelt sehen. Das Unbekannte belastet, ja erschreckt ihn. Er hat das Bedürfnis, das Terrain, auf dem er sich bewegt, zu erforschen und abzustecken. Wenn das einmal geschehen ist, fühlt er sich in Sicherheit.

Die deutsche *Ordnung* ist wie alles andere: *gründlich* und auf Perfektion ausgerichtet. Wie auf so vielen anderen Gebieten, so tut der Deutsche auch hier häufig zuviel des Guten. Er glaubt, daß die *Ordnung* ihm hilft, mit seinen Kräften sparsam umzugehen, die er dann dem „Wesentlichen" widmen kann, das heißt den Aufgaben, die der Mühe wirklich wert sind. Aber die beträchtlichen Anstrengungen, die er unternimmt, um „Ordnung zu schaffen", stehen oft in keinem Verhältnis zum Zeitgewinn oder zur Energieersparnis, die die einmal geschaffene *Ordnung* für ihn mit sich bringt.

Schiller hat die *Ordnung* als „Segen des Himmels" bezeichnet, durch den die Zivilisation erst entstehen konnte. Die Äußerung des Dichters steht am Ende einer Entwicklung, die schon früh begann und im Laufe derer man den Deutschen die Ordnungsliebe regelrecht eingetrichtert hatte. Nach drei Jahrhunderten stand fest, daß diese Tugend sich unauslöschlich in die Mentalität der Deutschen eingeprägt hatte.

Das Argument, daß die Ordnung den Kosmos erfüllt, war eines der ersten, die geltend gemacht wurden, um deren Notwendigkeit zu rechtfertigen. Ab 1566 taucht es in den Statuten der hessischen Landeskirche auf:

> „Was die Ordnung für einen großen Nutzen bringe, ja wie hoch sie vonnöten sei zu allen Sachen, so da sollen recht und nutzbarlich verrichtet werden, beweist das Geschöpf Gottes, die ganze Natur und alle natürlichen Körper, welche nicht allein ordentlich gemacht und ein jedes von Gott an seinen gebührenden Ort gesetzt sind, sondern auch alle ihre Wirkung zu gewisser Zeit, an gewissen Orten und durch besondere Ursachen und Instrumenten vollbringen ... Die himmlischen Naturen Sonne, Mond, Sterne, wie lang würden sie bestehen können, wenn sie aus ihrem Ort, den ihnen Gott in der Schöpfung gegeben hat, verrückt werden sollten? Wie wollten die mancherlei Art und Geschlecht vermengten Körper in der untersten Welt, Menschen, Tier, Vögel, Fische und allerlei Ge-

> wachs, bleiben, wenn sie nicht bei ihrer gewissen Ordnung der Zeit, des Orts, natürlicher Ursachen, so zu ihrer Erhaltung verordnet sind, gelassen würden?“

In einer Predigtsammlung wird zweieinhalb Jahrhunderte später genau derselbe Gedanke zum Ausdruck gebracht:

> „Gott will, wir sollen glücklich sein, darum gab er uns Gesetze. Je mehr wir uns also an diese Gesetze binden, desto besser werden wir uns dabei befinden, und desto würdiger ehren wir zugleich den Gott, der ein Gott der Ordnung ist, und uns in seiner Welt das große Beispiel der Ordnung gegeben hat, das wir auch nachahmen sollen, um dadurch vollkommener zu werden.“

Die *Ordnung,* die im Weltall herrscht, soll sich auf gesellschaftlicher und staatlicher Ebene wiederfinden, denn:

> „Wer dartsu yn Got verordnet und geschaffen nith vleyssig außricht oder die Sach umbkeret . . . der störet Got seyn Ordnung und muß derhalben straff vom ym gewertig seyn“ (1525).

> „Was unordentlich gehe, ist der Natur zu wider. Ein einzig Unordnung bringt ein Stadt oder Land in Verderben“,

schreibt Christophorus Lehmann 1637 und Johann Beyer stellt 1801 fest:

> „Je mehr nun dabei alles seine Ordnung hat, und in seiner Ordnung geht, desto besser befindet sich das Ganze dabei.“

Johann Ferdinand Schulz bringt 1788 den Schlüssel des wirtschaftlichen Erfolges zum Ausdruck: „Ordnung vermehrt,

Unordnung verzehrt." Die Unordnung gereicht zum Schaden, die Ordnung zum Segen – das ist die Lektion der Moralisten und Prediger, die der deutschen Bevölkerung Jahrhunderte hindurch eingetrichtert wurde. Sie ist auf einen fruchtbaren Boden gefallen, wenn man bedenkt, daß der deutsche Wissenschaftler und Pädagoge Johann Heinrich Campe, der immerhin liberal, fortschrittlich und ein Verfechter von Reformen war, 1789, also genau in dem Augenblick, in dem das französische Volk sich erhob, um die etablierte *Ordnung* zu stürzen, schrieb:

> „Ordnungsliebe – diese Mutter und Pflegerin der meisten anderen Tugenden, die Beglückerin des menschlichen Lebens, diese mächtige Beförderin jeder nützlichen Tätigkeiten, diese notwendige Grundlage alles dessen, was schön und gut, was groß und edel ist."

Das Bedürfnis der Deutschen, in einer Welt der *Ordnung* zu leben, ist letztlich Ausdruck einer fehlenden Sicherheit und der Angst, etwas falsch zu machen. Wenn jedes Ding an seinem Platz ist, wenn alles nach den bekannten Regeln funktioniert, wenn man weiß, woran man sich zu halten und was man zu erwarten hat, wenn es auf jede Frage eine genaue Antwort gibt – dann endlich können sich die Deutschen wirklich entspannen.

Die Ordnung – gehobene Ebene

Der Deutsche glaubt aus tiefstem Herzen an die Bedeutung und die ethische Notwendigkeit der *Ordnung*. Für ihn basieren moralische Gesetze im wesentlichen auf dem Begriff der *Ordnung*. Letztere ist Hüterin und Gefangene dieser Gesetze in einem: nur die *Ordnung* garantiert den Fortbestand der Moral, nur die Moral ist in der Lage, die *Ordnung* zu stützen, indem sie der Anarchie den Weg versperrt. Ohne *Ordnung* macht sich das Chaos breit, und man verfällt wieder in jenes ursprüngliche Durcheinander, das zu überwinden man solche Mühe hatte. Das Chaos übt auf die Deutschen einen morbiden Reiz aus, jagt ihnen aber zugleich auch einen ungeheuren Schrecken ein. Gegen Ende des letzten Krieges wollte das Naziregime mit einem Slogan die letzten Energien der Bevölkerung mobilisieren: *Deutscher Sieg oder russisches Chaos.* Auf diese Weise wollte man nicht etwa vor den wilden Horden aus dem Osten, sondern vor der fundamentalen Unordnung, in die ein Sieg des Feindes Deutschland stürzen würde, warnen. Die Rückkehr in die Finsternis der Primitivität wäre dann nicht mehr zu vermeiden gewesen.

Die Unordnung zu dulden, bedeutet für die Deutschen, sich der Herrschaft des Bösen zu fügen. Die *Ordnung* vorzuziehen, bedeutet hingegen, sich den universalen Regeln zu unterwerfen und die Sünde von sich fernzuhalten. Die *Ordnung* trennt die Guten von den Bösen, die Gerechten von den Verdammten, das Ehrliche vom Falschen. Die Unordnung stürzt den Menschen in eine Welt der Ungewißheiten, aus der er nur innerlich zerrissen wieder hervorgehen kann.

Aber die *Ordnung* ist kein Geschenk des Himmels. Sie ist eine Tugend, die man sich verdienen und für die man tagtäglich kämpfen muß. Es gibt Menschen, die sich dieser Mühe unterwerfen, und es gibt solche, die das nicht tun. Erstere sind „aus edlem Holz geschnitzt“, letztere schwache und charakterlose Wesen. Wie die Sauberkeit wird daher die *Ordnung* – selbst in ihren gewöhnlichsten Formen (Aufräumen, Sortieren usw.) – von vielen Deutschen als moralisches Kriterium angesehen. Als „unordentlich“ eingestuft zu werden, ist in Deutschland auf jeden Fall ein schweres Handicap. Daraus wird schnell die Schlußfolgerung gezogen, daß es sich bei dem Betreffenden um ein wenig seriöses Individuum handelt, auf das man eigentlich nicht zählen kann. Wer sein Denken und Handeln nicht in *Ordnung* hält, der steht im Verdacht, möglicherweise auch die moralische Ordnung zu verletzen und das bestehende Wertsystem aus den Angeln heben zu wollen.

Die Ordnung wertet den Menschen auf, allerdings nur im Kontext der Gesellschaft, in der er lebt, und in dem Maße, in dem er bereit ist, deren Regeln und Zwänge zu akzeptieren. Nur wenn man sich in eine festgefügte *Ordnung* einfügt, ohne deren gutes Funktionieren zu stören und ohne Unruhe hervorzurufen, wird man als wertvolles Mitglied der Gesellschaft eingeschätzt. Für solche Anforderungen sind die Deutschen sehr begabt, weil ihnen, wie René Cheval bemerkt[9], das kollektive Interesse mehr am Herzen liegt als die beharrliche Verteidigung individueller Privilegien. Die *Ordnung* erfordert immer Opfer: die kleinen Dinge kosten Zeit und Willensanstrengung, die großen den Verlust eines Teils der Freiheit. Für die Deutschen ist die *Ordnung* ein freiwillig gewählter Zustand – von *einem* Individuum, wenn es sich um den persönlichen Bereich und von *mehreren* Individuen, wenn es sich um das Gemeinwohl handelt. In beiden Fällen setzt eine solche Wahl voraus, daß man bereit ist, Verantwortung zu übernehmen.

Damit *Ordnung* herrscht, ist es in der Tat erforderlich, daß jeder seine Pflicht erfüllt. *Die Pflicht* ist für die Deutschen ein gewichtiges und bedeutungsschweres Wort, *seine Pflicht tun* ein Ausdruck, den sie unaufhörlich im Munde führen. Die *Pflicht,* das ist eine Maßregel, die die Vernunft sich selbst gibt, freiwillig und nach sorgfältiger Abwägung des Für und Wider. Die Deutschen betrachten die *Pflicht* einerseits als ein Gesetz, das uneingeschränkt eingehalten werden muß – das ist das *Pflichtbewußtsein* –, andererseits als einen Wert an sich, der seine eigene Rechtfertigung in sich trägt – das ist das *Pflichtgefühl.* Wenn die „zu erfüllende Pflicht" zweifellos die größtmögliche Motivation für einen Deutschen darstellt, so ist das Gefühl, „seine Pflicht getan" zu haben, vielleicht die Belohnung, die ihn mit der höchsten Befriedigung erfüllt.

Das betrifft in besonderer Weise das moralische Gesetz – *das sittliche Gebot –,* in dem sich die von Kant beschriebene absolu-

9 René Cheval, L'Allemagne

te Pflicht manifestiert: „Handle so, daß die Maxime deines Willens jederzeit zugleich als Prinzip einer allgemeinen Gesetzgebung gelten könne." In der Tat enthält jede Pflicht, sogar in ihrer bescheidensten Form, für die Deutschen etwas Erhabenes. Die Pflicht muß infolgedessen auf der Ebene des täglichen Lebens mit derselben Entschiedenheit und demselben Ernst erfüllt werden, als wenn es sich um eine moralische Pflicht handelte.

Für die meisten Deutschen gewinnen die Pflichten, die man anderen gegenüber hat, die Oberhand über diejenigen, die ihre eigene Person betreffen. Die *Pflicht* wird aus diesem Grunde zu einem wichtigen Ordnungsfaktor und zu einem regulierenden Element des sozialen Lebens. Die Deutschen akzeptieren bereitwillig, die Rolle kleiner Zahnrädchen in einem großen Getriebe zu spielen, unter der Bedingung allerdings, daß sie das Gefühl haben, sie werden „gebraucht" und tun „ihre Pflicht". Einer Sache von allgemeinem Interesse zu dienen, wird nicht als Belastung empfunden. Die Deutschen begreifen zudem sehr gut, daß die Freiheit des einzelnen erst da beginnt, wo die der anderen endet. Da sie es verabscheuen, wenn man die ihre beeinträchtigt, sehen sie es als ihre Pflicht an, die der anderen nicht anzutasten. Für sie kann die *Ordnung* nur existieren, wenn jeder auf einen Teil seiner Rechte verzichtet, aber die Gesamtheit seiner Pflichten erfüllt.

Die Ordnung – praktische Ebene

Als Friedrich der Große behauptete, daß es unter jedem Gesichtspunkt vorteilhaft sei, seine Angelegenheiten in Ordnung zu haben, wiederholte er nur, was man schon seit zwei Jahrhunderten über den praktischen Nutzen der Ordnung im täglichen Leben gesagt hatte: sie hilft, Zeit zu gewinnen und Kräfte zu schonen, sie gewährleistet eine große Effizienz und befreit den Geist von allem, was nicht wesentlich ist. In einem Brief an Schiller rühmt Goethe „die große Ordnung", die er in seinen Papieren hat und die es ihm ermöglicht, seine zahlreichen Arbeiten gleichzeitig voranzutreiben.

Der Deutsche ist unfähig, *gut* zu arbeiten, sei es auf ideellem oder auf materiellem Gebiet, wenn ein Durcheinander herrscht. Er hat das Bedürfnis, sich in eine Organisation einzufügen, die präzise und gleichmäßig funktioniert, denn die Unordnung wirkt auf ihn wie eine Droge: sie beraubt ihn eines Teils seiner Fähigkeiten und ruft einen Kurzschluß in seinen Gehirnfunktionen hervor. Das Gehirn der Deutschen ist genau so sorgfältig aufgeräumt wie ihre Schreibtische, ihre Arbeitsplätze und ihre Häuser. Nirgendwo liegt etwas schief oder fällt aus dem Rahmen. Die Welt erscheint im Einklang mit sich selbst: Jedes Ding an seinem Platz und zu seiner Zeit.

Wer *Ordnung* sagt, sagt Reglementierung, Disziplin und Gehorsam – nach den üblichen Klischees typisch deutsche Charaktereigenschaften. Wo sollte dieser Ordnungszwang bei den Deutschen schon herkommen, wenn nicht von ihrem Herdentrieb und ihrer Unterwürfigkeit? Das ist ein Irrtum, den viele begehen, wenn sie sich mit den Deutschen beschäftigen. Die Turbulenzen ihres Charakters, die Widersprüche, von denen sie unaufhörlich gepeinigt werden, und die zahllosen inneren Qualen, die ihre Seele erschüttern, führen in Wirklichkeit dazu, daß die Deutschen zu den undiszipliniertesten Völkern gehören, die es gibt. Da sie von Natur aus unfähig sind, ihre Neigungen unter Kontrolle zu halten, würden sie, ganz auf sich selbst gestellt, einen völlig desorientierten Haufen bilden, der in eine auswegslose Anarchie verfiele.

Weil die Deutschen diese Schwäche nur zu gut kennen, waren sie gezwungen, zuerst sich selbst zu disziplinieren, dann ein System von drakonischen und strengen Vorschriften zu schaffen und schließlich sich einen Mythos der *Ordnung* auszudenken, der diese Zwänge in Tugenden verwandelt. Auf diese Weise ist aus einem Volk, das von seiner Natur her dazu neigt, Gesetze grundsätzlich zu übertreten, eines derjenigen geworden, die ihnen den größten Respekt entgegenbringen.

Die Deutschen nehmen sich so sehr vor ihrer latenten Undiszipliniertheit in acht, daß sie oft übertriebene Vorsichtsmaßnahmen ergreifen, um ihr ja nicht zum Opfer zu fallen. Der alte Scherz, „alles, was in Deutschland nicht ausdrücklich erlaubt ist, ist verboten", enthält sicherlich einen Kern von Wahrheit. Die berühmte Disziplin der Deutschen zeigt letztlich nur, daß sie begriffen haben, wie notwendig es für sie ist, mögliche Exzesse durch ein enges Netz von Verhaltensregeln und Verboten zu verhindern. Wenn die gesellschaftliche Ordnung in Deutschland so lasch zusammengefügt wäre, wie z. B. in Großbritannien, würde sie wahrscheinlich sehr bald in einem allgemeinen Chaos versinken.

Wenn *Ordnung* und Disziplin die Überschwenglichkeit der Deutschen zügeln, so lenken sie sie auch in praktische Bereiche. Der Erfolg der Deutschen auf industriellem und wirtschaftlichem Gebiet verdankt diesen Charaktereigenschaften sicherlich viel. Und der soziale Frieden, der Deutschland so viele Reibungsverluste erspart hat, geht ebenfalls auf sie zurück. Und nicht zuletzt garantieren sie das harmonische Zusammenspiel des Gemeinschaftslebens innerhalb der deutschen Gesellschaft. Diese könnte nicht funktionieren ohne die nahezu ausnahmslose Zustimmung zum autoritären Prinzip. Auf diese Weise sorgen das Bedürfnis nach *Ordnung* verbunden mit der Vorliebe für Disziplin und dem stark entwickelten Pflichtgefühl für eine reibungslose Umsetzung der Befehle und Anordnungen – zum großen Nutzen der Wirtschaft.

Die Ordnung – niedere Ebene

Die festgefügte *Ordnung* zu stören, heißt in den Augen der Deutschen, die Strukturen der Gesellschaft selbst in Frage zu stellen und die großen Prinzipien des Lebens bedrohlich zu belasten. Die Dinge müssen sich weiterentwickeln, aber sie dürfen sich nicht brutal verändern. Reformen werden zugelassen, Umwälzungen aber beunruhigen, und Revolutionen rufen

Abscheu hervor: wenn Unordnung sich einnistet, dann ist die Verwirrung bald komplett. Diese Perspektive stößt bei den Deutschen auf totale Ablehnung. Es gibt nur ein Mittel, sie zu vermeiden: *Ruhe ist die erste Bürgerpflicht.* Es ist bezeichnend, daß die berühmte Formel „law and order" im Deutschen mit *Ruhe und Ordnung* übersetzt wird. Für die Deutschen ist es also nicht so sehr das Gesetz, das die *Ordnung* gewährleistet, sondern das bereitwillig hingenommene Stillhalten der Bürger.

Kant bemerkte, daß der Deutsche „seinem Hange zur Ordnung und Regel gemäß, sich eher despotisieren als sich auf Neuerungen (zumal eigenmächtige Formen in der Regierung) einlassen wird." In der Tat, das Bedürfnis nach *Ordnung* bringt die Deutschen dazu, sich freiwillig und zumeist passiv einer Autorität zu unterwerfen. Durch diese *Obrigkeitshörigkeit* werden oft Maßnahmen dieser Obrigkeit ohne Protest akzeptiert. Eine solche Denkweise mag vom Standpunkt des Staates aus vorteilhaft sein, zur Erziehung von Bürgern, die sich ihrer Rechte bewußt sind und sie geltend zu machen wissen, trägt sie hingegen nicht bei. Es kommt im übrigen ziemlich häufig vor, daß Deutsche, die sich als gehorsam und unterwürfig „Obrigkeiten" gegenüber (Staat, Verwaltung, Vorgesetzten usw.) erweisen, sich wie Tyrannen in ihren Beziehungen zu Untergebenen verhalten. Auf diese Weise machen sie aus der Ordnung ein einfaches Machtverhältnis.

Viele Deutsche haben Angst aufzufallen, zu schockieren oder Anstoß zu erregen. Sie achten sorgfältig darauf, nicht aus der Reihe zu tanzen, um die schöne *Ordnung,* die ihnen Sicherheit gibt, nicht zu stören. Die Vorliebe für Uniformen (nicht nur für militärische!), die man häufig bei ihnen beobachten kann, läßt sich sicherlich zum Teil mit dem Wunsch erklären, den anderen so „gleich" wie möglich zu sein. Das verschafft ihnen denselben moralischen Komfort und dieselbe intellektuelle Zufriedenheit wie eine gut ausgeführte Arbeit oder ein wohlgeordneter Schrank.

Das Phänomen der Denunziation – das von Ausländern so heftig kritisiert wird –, erscheint den Deutschen nicht grundsätzlich als verachtenswert: in der Tat zeigt man jemanden nur an, weil er sich an der „Ordnung“ vergangen hat. Das kann ein Dieb sein, der sich in ein Haus eingeschlichen hat, oder ein Händler, der Produkte verkauft, deren Qualität zu wünschen übrig läßt, aber auch ein Autofahrer, der einem Auto beim Einparken eine Beule verpaßt, ein Nachbar, der die gesetzlich vorgeschriebene Heckenhöhe zwischen benachbarten Grundstücken mißachtet oder ein Fußgänger, der bei Rot die Straße überquert. Am Anfang steht immer eine strafbare Handlung, die derjenige, den man denunziert, begangen hat. Meistens stört diese die öffentliche *Ordnung* nicht und fügt dem Denunzianten keinen direkten Schaden zu. Aber sie bringt sein Weltbild durcheinander und stört seinen Ordnungssinn. Indem er den Schuldigen anzeigt, tut er nur seine „Pflicht“, die in diesem Fall darin besteht, jemanden dazu zu bringen, die *Ordnung* zu respektieren oder sie wiederherzustellen. Er bringt die Dinge einfach wieder in die Reihe, ohne auch nur im geringsten den Eindruck zu haben, sich niederträchtig zu verhalten.

Johannes Gross stellt fest, daß der Deutsche immer sagt, „ich tue nur meine Pflicht“, wenn er seinem Nächsten etwas Unangenehmes zufügt. Es ist aber offensichtlich, daß die Bezugnahme auf die Pflicht in vielen Fällen einer moralischen Überprüfung der betreffenden Handlungsweise nicht standhält. Während der Nürnberger Prozesse zeigten sich die meisten Naziverbrecher außerstande zu begreifen, was man ihnen vorwarf, denn sie hatten, wie sie beteuerten, nur ihre Pflicht getan. Und, so sagten sie, dienten ihre Aktionen denn nicht dazu, die „Ordnung“ zu schützen, die überall von den Juden, Kommunisten und Plutokraten bedroht wurde? In einer Rede anläßlich des Geburtstags von Adolf Hitler am 20. April 1945, also nur zehn Tage vor dem Selbstmord des Führers, behauptete Goebbels, daß dessen Werk ein „Werk der Ordnung“ sei und daß die Welt es ihm verdanke, wenn sie noch bestehe.

Es ist erschreckend zu sehen, mit welcher Gewissenhaftigkeit Heydrich, Eichmann und Konsorten die „Endlösung“ der

Judenfrage organisierten. Der fanatische Ordnungssinn, den diese düstere Bürokratie erkennen läßt, kann mit rationalen Argumenten nicht erklärt werden. „Eichmann", so schreibt Erich Fromm, „war von der bürokratischen Ordnung ... geradezu fasziniert. Seine höchsten Werte waren Gehorsam und das ordentliche Funktionieren der Organisation. Er transportierte Juden, wie er Kohle transportiert hätte." Die Wannseekonferenz vom 20. Januar 1942, in deren Verlauf über die „Endlösung", das heißt über das bewußte Massaker von Millionen von Menschen, entschieden wurde, lief wie eine banale Zusammenkunft von hohen Funktionären ab, mit einer Tagesordnung und einem Protokollführer, der die Debatten mitstenographierte. Den Vorsitz führte Heydrich, der die Diskussion präzise und effektiv leitete. Außer den Funktionären der SS und der NSDAP waren unter anderen Staatssekretäre und Vertreter des Innenministeriums, des Auswärtigen Amtes und der Verwaltungsbehörden der besetzten Gebiete anwesend. Jeder hatte seine Akten mitgebracht und unterbreitete der Versammlung seine Vorschläge. Nach neunzigminütiger Diskussion war der Plan so weit gediehen, daß die Teilnehmer sich an einem kalten Büfett erholen konnten ...

Kapitel XII

Die Ernsthaftigkeit

Seit langer Zeit haben die Deutschen die Gewohnheit angenommen, sich auf das Wesentliche zu konzentrieren. In ihrem Wunsch, alles beiseite zu lassen, was nicht grundlegend ist, haben sie sogar gelernt, der eigenen Denkfähigkeit zu mißtrauen und ihre Einbildungskraft zu zügeln. Eine solche Verhaltensweise schließt jede Leichtfertigkeit im Umgang mit Problemen aus. Im Denken und Verhalten der Deutschen findet man wenig Spontaneität und noch seltener jenes Quentchen Frivolität, das die schwerverständlichsten Ausführungen bei den Romanen oder Angelsachsen irgendwie klarer, liebenswürdiger und menschlicher macht.

Für fast alle Deutschen gehört *Ernsthaftigkeit* zur geistigen und moralischen Grundausstattung. Es gibt keinen schlimmeren Vorwurf, als von jemandem zu sagen, er sei nicht seriös oder er arbeite nicht ernsthaft. Das bedeutet, daß man sich auf dieses Individuum nicht verlassen kann und daß es fähig ist, die schlimmsten Fehler zu begehen: ein solcher Mensch ist wie Sand im Getriebe, der die Abläufe behindert und die Ordnung durcheinanderbringt.

Wie jeder Mensch geht auch der Deutsche seinen Vergnügungen nach, aber nur zu festgesetzten Zeiten und unter bestimmten Umständen. Man darf beispielsweise keinen Spaß haben, wenn man arbeitet. Die Arbeit ist eine Notwendigkeit und eine Pflicht, und sie muß in dieser Eigenschaft mit Respekt behandelt und mit Würde angegangen werden. Es handelt sich dabei um eine „ernsthafte" Angelegenheit. Im übrigen ist alles, was in den Bereich der Prinzipien gehört, definitionsgemäß „ernst" und muß mit entsprechender Feierlichkeit bedacht werden. Der Deutsche bemüht sich immer, alles gut zu machen, und widmet sich dem, was er tut, mit ganzem Herzen – selbst wenn es nur um eine bescheidene Aufgabe geht. Selbst der „kleine Mann“ zweifelt keinen Moment daran, daß er in der untergeordneten Stellung, die das Schicksal für ihn vorgesehen hat, ebenso unabkömmlich für den Lauf der Welt ist wie der einflußreichste Politiker oder der genialste Wissenschaftler.

Gedankentiefe zur Schau zu stellen, wenn man nichts als geistige Gewandtheit zu bieten hat, bluffen statt zu überzeugen, nur durch intellektuelle Kunststückchen imponieren zu wollen – das ist kaum nach dem Geschmack des Deutschen. Fehlende Brillanz ersetzt er durch Gründlichkeit, Geistlosigkeit durch Fleiß. Meistens ist sein Verhalten wohl abgewogen, und er vermeidet es, etwas zu behaupten, dessen er nicht wirklich sicher ist, oder etwas zurückzuweisen, was ihm nicht absolut falsch erscheint. Er hütet sich gleichermaßen vor voreiligen Beurteilungen wie vor verletzenden Worten. Ernsthaft ist er aus Neigung, aus Überzeugung und aus Notwendigkeit: aus Neigung, weil jede Frivolität ihm eines höheren Wesens unwürdig zu sein scheint; aus Überzeugung, weil er der Ansicht ist, daß es sich auf die Dauer auszahlt, vernünftig zu sein; aus Notwendigkeit, weil er nicht gegen sein Naturell angehen kann.

Die Ernsthaftigkeit – gehobene Ebene

Es ist verblüffend zu sehen, wie selten die Deutschen oberflächlich handeln und denken. In nahezu allen Lebenssituationen bemühen sie sich, ihre Ernsthaftigkeit unter Beweis zu stellen. Der Gedankenaustausch zwischen Deutschen ist sehr intensiv. Selbst wenn sie scherzen, machen sie es „ernsthaft“, das heißt, indem sie sich Mühe geben.

Die Deutschen haben einen Horror vor Oberflächlichkeit. Sie können nicht begreifen, daß man die Dinge einfach überfliegt, daß man nicht versucht, so weit es geht in sie einzudringen. Stilübungen oder mehr oder weniger zweckfreie Bravourstückchen bringen sie in höchstem Grade auf. Ihre Lebenseinstellung ist von einem gewissen Rigorismus geprägt, der sie dazu treibt, allem, was sie tun, sagen und vorhaben, einen Sinn zu geben. Aus diesem Grunde kommt es häufig zu Mißverständnissen im Umgang mit Ausländern. Der Small talk verwirrt sie, und im Wortgeplänkel sind sie selten schlagfertig. Hinter einem harmlosen Scherz, mit dem man vielleicht nur glänzen oder die Atmosphäre entspannen will, wittern sie einen verborgenen Sinn, hinter Worten, die nichts bedeuten, suchen sie tiefsinnige Absichten. Da sie ein feines Gespür für das Nutzlose haben, betrachten sie Banalitäten als eine schreckliche Verschwendung von Kraft und Intelligenz. Um der Oberflächlichkeit Einhalt zu gebieten, füllen sie ihre Sätze mit tieferem Sinn, genauso wie sie ihre Zeit mit Aktivitäten vollstopfen.

Ernst zu sein, bedeutet in den Augen der Deutschen, gegen jede Form von Nachlässigkeit anzukämpfen. Unterlassungssünden oder Fehler, die aus Gleichgültigkeit begangen werden, werden als Vergehen gegen die menschliche Würde, das Sichgehenlassen als Angriff gegen die Prinzipien gewertet. Der Mensch muß auf allen Gebieten gegen die Nachlässigkeit angehen: man muß sie aus seinen Gedanken und Worten vertreiben und sie aus seinem Verhalten verbannen. Es ist moralisch entwürdigend, bei der Arbeit zu pfuschen oder die Rolle, die einem in der Gesellschaft zukommt, schlecht zu spielen. Wenn der Deutsche nicht mehr ernst wäre, verlöre er die Achtung vor sich selbst.

Es gibt einen Bereich, in dem der Ernst der Deutschen offen zu Tage tritt: die zwischenmenschliche Kommunikation. In manchen Ländern sind Gespräche mitunter ausgesprochen ermüdend: sie verwandeln sich in richtige Kakophonien, da alle gleichzeitig reden und jeder so laut wie möglich schreit, um sich verständlich zu machen. Es kommt kaum vor, daß man seinen Satz beenden kann, ohne daß der Nachbar einem ins Wort fällt. Der „Austausch" beschränkt sich im allgemeinen darauf, daß man selbst so viel wie möglich spricht und niemals auf das hört, was die anderen sagen. Nichts von dem in

Deutschland. Ob es um Gespräche im privaten Kreise oder um politische Diskussionen, um eine nüchterne Debatte oder um eine leidenschaftliche Auseinandersetzung geht, immer laufen sie in der vollkommensten Ordnung ab. Jeder hört zu und spricht nur, wenn er an der Reihe ist. Auf jede Frage erhält man eine Antwort. Niemand versucht, sich selbst in den Vordergrund zu spielen oder die Aufmerksamkeit zu seinen Gunsten zu monopolisieren. Man unterbricht nicht jemanden, der gerade seine Argumente vorträgt, um schnell seine eigenen Vorstellungen einzuschieben. Man nimmt erst Stellung, nachdem man den Äußerungen seiner Gesprächspartner aufmerksam zugehört hat. Ein Diskussionsbeitrag, der etwas zu lang oder zu kompliziert ausfällt, ruft keine Unmutsgesten oder Gekicher hervor. Es besteht ein tiefer Respekt vor der Meinung der anderen und ein offensichtliches Interesse an intellektueller Vertiefung.

Die Ernsthaftigkeit – praktische Ebene

Die Naivität, die René Cheval den Deutschen zuschreibt, macht sie verwundbar, aber sie ist zugleich ein wertvoller Trumpf, denn sie erspart es ihnen, in einen nutzlosen Zynismus zu verfallen. Mit einer Aufrichtigkeit, die man fast schon als tumb bezeichnen könnte, glauben die Deutschen immer an das, was sie tun. „So tun als ob" ist ein Verhalten, das ihnen zutiefst mißfällt und bei dem ihnen unbehaglich zu Mute ist.

In Deutschland ist man sich des Wertes des Gesprochenen bewußt. Das Wort führt nicht, wie in einigen romanischen oder arabischen Ländern, eine autonome Existenz. Es verzaubert nicht und ersetzt nicht die Tat. Die Deutschen sind der Meinung, daß man Probleme nicht dadurch löst, daß man über sie redet, sondern dadurch, daß man die Ärmel hochkrempelt. Anders ausgedrückt, das Wort hat kein größeres Gewicht als die Realität, auf die es sich bezieht. Edward und

Mildred Hall[10] heben hervor, daß in der Redeweise der Deutschen zahllose Beispiele verwendet werden, und daß der Ausdruck *zum Beispiel* dauernd vorkommt. Der Deutsche bedarf des Bezugs zur Wirklichkeit, um zu handeln und sich seiner Existenz bewußt zu sein.

Die Franzosen verwenden gern „etc.", weil Andeutungen und das Zwischen-den-Zeilen-Liegende eine bedeutende Rolle in ihrem Kommunikationssystem spielen und es nicht immer erforderlich ist, die Argumentation bis zu Ende zu führen, um sich verständlich zu machen. Die Deutschen hingegen legen großen Wert darauf, ihre Sätze abzuschließen, um sicher sein zu können, daß es ihnen gelungen ist, ihre Überlegung zu präzisieren. Sie sind nicht sehr geschickt in der Kunst, sich mit Hilfe von Andeutungen verständlich zu machen. Was sie sagen, hat stets einen präzisen Sinn. In der Art und Weise, wie sie sich ausdrücken, gibt es weder Schnörkel noch Auslassungen. Die Wörter haben niemals Alibifunktion, und alles wird für bare Münze genommen.

Die schnelle und korrekte Durchführung der Anordnungen in den Unternehmen veranschaulicht diese Geisteshaltung sehr gut. Was von der Direktion konzipiert worden ist, wird in den unteren Rängen zuverlässig erledigt. Auf der mittleren Ebene werden die Anweisungen weder kritisiert noch modifiziert, sondern unmittelbar weitergeleitet. Wenn zum Beispiel die Direktion beschlossen hat, ein bestimmtes Produkt auf diese oder jene Weise herzustellen, so wird man auf keiner Ebene – unter dem Vorwand es besser zu machen oder den Publikumsgeschmack besser zu kennen – eingreifen, um die Konzeption oder die Fabrikationsweise dieses Produkts in irgendeiner Weise zu verändern. Das Risiko, daß es sich – durch eine Reihe von kleinen Retuschen, die hier ein wenig hinzufügen und da ein wenig weglassen – in einen völlig anderen Gegenstand verwandelt als den, den die Direktion herstellen wollte, ist ausgesprochen gering – zum großen Nutzen der

[10] Comment communiquer avec les Allemands

Wirtschaftlichkeit. Denn diese Arbeitsweise verbessert offensichtlich die Produktivität, vorausgesetzt natürlich, daß die Entscheidung, die auf der Direktionsebene getroffen wurde, gut war. Wenn dem nicht so wäre, würde der Fehler in der Tat durch alle Phasen des Produktionsprozesses weitergetragen, und es bestünde keine Chance, daß er jemals korrigiert würde.

Die traditionellen Tarifverhandlungen zwischen den Sozialpartnern der verschiedenen Wirtschaftszweige laufen ebenfalls mit dem auf beiden Seiten zu beobachtenden ernsthaften Willen ab, zu einem Abschluß zu kommen. Das erklärt die guten Ergebnisse, die man mit einer solchen konzertierten Aktion erzielt. Arbeitgeber und Gewerkschaftsvertreter sprechen dieselbe Sprache, verfügen über dieselben Zahlen, haben dasselbe Ziel vor Augen, wobei jede Seite genau weiß, bis zu welchem Punkt der andere gehen kann, ohne sein Gesicht zu verlieren. Das ist ein Ritual, das peinlich genau eingehalten wird. In der ersten Runde wird die Ausgangsposition festgelegt, an ihr hakt man sich in der zweiten fest, in der dritten kommt es zur Konfrontation, die Suche nach einem Kompromiß erfolgt während der vierten, bei der fünften kommt es zu einer Annäherung und bei der sechsten oder siebten wird ein Beschluß gefaßt.

Vor Beginn jeder Zusammenkunft zeigt das Fernsehen die beiden Delegationen, die sich am Verhandlungstisch gegenübersitzen, getrennt durch eine Reihe von Thermoskannen, die mit Kaffee gefüllt sind, von Platten mit belegten Broten und Mineralwasserflaschen. Am Ende jeder Sitzung geben die beiden Delegationsleiter, nebeneinander vor der Kamera stehend und nacheinander das Wort ergreifend, Erklärungen ab, die den verschiedenen Stadien der Verhandlungen entsprechen: zunächst geben sie bekannt, daß diese stagnieren, dann daß Fortschritte erzielt worden sind und schließlich daß man zu einer Einigung gekommen ist. Keine der beiden Parteien darf zu irgendeinem Zeitpunkt das Gesicht verlieren. Aber der Ausgang der Verhandlungen steht immer außer Zweifel.

Schlimmstenfalls kommt es zu einer zusätzlichen Runde, wenn man die Schlichtungskommission anrufen muß, die den beiden Parteien die Möglichkeit gibt, aufeinanderzuzugehen und letztlich zu einem Abschluß auf einem Niveau zu kommen, das ursprünglich unannehmbar oder unerreichbar schien. In den meisten Branchen sind es dieselben Verhandlungspartner, die sich in jedem Jahr wieder gegenüberstehen. Zwischen ihnen stellt sich eine Art Komplizenschaft ein, was sie jedoch nicht daran hindert, mit der größten Ernsthaftigkeit der Welt und häufig auch mit großer Schärfe die Interessen ihrer jeweiligen Partei zu verteidigen.

„Die Deutschen“ so schreiben Edward und Mildred Hall, „wollen Produkte von hervorragender Qualität, sorgfältig verarbeitet und ausgeführt. Für sie muß jedes Produkt solide sein und solide aussehen ... Der Begriff solide hat eine Konnotation von Ernst, Vertrauenswürdigkeit und Augenmaß. Ein seriöses Individuum, zu dem man Vertrauen haben kann, ist solide.“ Es ist eine Tatsache, daß der deutsche Konsument über die Qualität der Produkte, die er kauft, nicht mit sich reden läßt. Er würde es nicht zulassen, und man mutet es ihm nicht zu. Die Produzenten, die einerseits von den Ansprüchen ihrer Kundschaft angestachelt werden, sich andererseits aber auch einer gut gemachten Arbeit zuliebe anstrengen – was ein gewisses Berufsethos und viel Sorgfalt bei deren Ausführung voraussetzt –, stellen daher zwangsläufig Gegenstände von ausgezeichneter Qualität her.

Die Ernsthaftigkeit – niedere Ebene

Die Deutschen sind schockiert, wenn man Umgangsformen und Konventionen mißachtet. In ihren Augen sind die Verhaltensregeln, die das Zusammenleben im Schoße der menschlichen Gemeinschaften bestimmen, eingeführt worden, um die in den primitiven Gesellschaften üblichen brutalen Zusammenstöße und unkontrollierten Energieausbrüche zu verhindern. Wenn man sie nicht einhält, bedeutet das, daß man auf die Errungenschaften der Zivilisation verzichtet. Um sicher zu sein, daß sie die ungezügelten Triebe, die sie in ihrem Innersten spüren, im Griff haben, übertreiben die Deutschen oft die Rücksichtnahme auf die äußere Form. Die *Ernsthaftigkeit* wird in einem solchen Fall zum Formalismus und führt zu einer klischeehaften Verhaltensweise. Wer sich formalen Bestimmungen zu bedingungslos unterwirft, der büßt jede Natürlichkeit ein.

Wie viele Unternehmen, Verwaltungen, Universitäten oder Redaktionen gibt es in Deutschland, in denen Kollegen und Mitarbeiter, die Dutzende von Jahren im selben Büro verbracht haben, sich immer noch mit „Herr Sowieso" oder „Herr Doktor" ansprechen. Die Entscheidung, sich zu duzen, ist selten spontan und ergibt sich kaum einmal zwischen Tür und Angel, zumeist mündet sie ein in eine Zeremonie, mit der die beiden Personen ihre neue Vertraulichkeit durch eine Reihe von schon seit Jahrhunderten genau festgesetzten Regeln „offiziell bekräftigen". Man muß im übrigen nur die Heiratsannoncen in den sogenannten seriösen Zeitungen lesen (selbst die Anzeigen in der Regenbogenpresse sind nie so lustig wie diejenigen, die in bestimmten französischen Blättern erscheinen), um zu verstehen, wie steif die menschlichen Beziehungen in Deutschland manchmal sein können; hier zwei Beispiele:

> „'Wer an die Quelle will, muß gegen den Strom schwimmen.' Intensiv leben, für Liebenswertes kämpfen, bereit sein, Gefühle zu zeigen. Wenn für Sie der Pomp zu viel, aber der Durchschnitt zu wenig ist, Sie das Leben gerne aktiv gestalten und weniger auf sich zukommen lassen, sich aber auch von Gefühlen treiben lassen, Stil nicht nur eine Frage der äußeren Form ist, Takt und Niveau, Kultur und Reisen keine Fremdworte sind, wenn Sie lieber eine Herausforderung annehmen, als auf eine interessante Erfahrung zu verzichten, wenn Sie an sich und ihr Umfeld hohe Anforderungen stellen, dann sollten Sie sich angesprochen fühlen."

„Meine Vergangenheit war interessant. Meine Zukunft soll noch interessanter werden, mit dem Mann, der mich nimmt wie ich bin: sensibel, feinfühlig, großzügig, tolerant, kreativ, intelligent, manchmal eigensinnig, manchmal sentimental, jünger aussehend, vermögend (als fleißige Unternehmerin selbst verdient), mit Menschenkenntnis und Erfahrung, mit meiner Abneigung gegen alles Oberflächliche und Überflüssige. Ich schätze das Echte, Tiefe, Lebendige, Hingebende, Allumfassende, Allbegreifende in einer Liebe mit Hingabe und Würde. Ich möchte nicht nur Herz und Seele sein, sondern auch die Frau mit ihren Leidenschaften, Wünschen, Ideen, Phantasien, zum Fallenlassen in die Unendlichkeit. Auch möchte ich eine freie Frau sein, die sich an Deiner Seite und in Deiner Nähe wohl fühlt. Eine Frau für Dich, an deren Seite Du Dich durch die positiven Gefühle täglich erneuerst. Ein Quell der Freude und Lust."

Das System der Konventionen, das fast allen Zeremonien zugrundeliegt – Feste, Familientreffen oder ähnliches –, ist sehr kompliziert: es gibt Dinge, die man tut, andere, die man nicht tut; es gibt Gesten, die man nicht vergessen darf, andere, die man um jeden Preis vermeiden muß. Was Ausländern linkisch vorkommt, erscheint den Deutschen natürlich und vollkommen angebracht.

Weil sie unbedingt ernsthaft sein wollen, drücken sie sich manchmal völlig gekünstelt aus, selbst in Gesprächen mit vertrauten Personen. Wenn der Gesprächsgegenstand tiefschürfend ist oder er ihr eigenes Werden betrifft, fühlen sich die Deutschen häufig verpflichtet, emphatische Formulierungen zu verwenden. Sie halten es für erforderlich, die Form dem Inhalt anzupassen und können sich nicht vorstellen, daß man von ernsten Dingen auf eine nicht ernste Weise reden kann. Aus diesem Grunde haben die Deutschen nahezu keinen Sinn für den schwarzen Humor. Man kann sie völlig aus der Fassung bringen, wenn man über ein ernstes Thema scherzt.

Wenn man sie verletzen will, muß man im übrigen nur auf ihre ernsthaften Argumente mit ironischen Bemerkungen reagieren. Sie werden sich um so mehr entwaffnet fühlen, als sie von Natur aus meistens unfähig sind, im selben Ton zu antworten.

Für die Deutschen ist die Verwendung einer geschraubten Redeweise ein Mittel, um ihren Gesprächspartnern zu zeigen, daß man das Thema mit dem größten Ernst und einem starken persönlichen Engagement angeht.

Kapitel XIII

Die Beharrlichkeit

Nur Beharrung führt zum Ziel – schrieb Schiller und wies damit auf einen Charakterzug hin, den man bei fast allen Deutschen beobachten kann. Tatsächlich haben Menschen, bei denen sich Treue mit Ernsthaftigkeit verbindet, ein ausgeglichenes Gemüt, und das bewahrt sie vor der Versuchung, Veränderungen um jeden Preis zu suchen. In den meisten Fällen liegt zweifellos eine gewisse Stärke in dieser Standhaftigkeit. Der Deutsche neigt nicht zur Flatterhaftigkeit. Er hat wenig Launen und liebt es nicht, seine Meinung plötzlich zu wechseln. Er lehnt es ab, seine Identität durch zu häufige Metamorphosen aufs Spiel zu setzen.

Die *Beharrlichkeit* der Deutschen kann die unterschiedlichsten Formen annehmen. Da ist zum Beispiel die Entschlossenheit, mit der man schwierige Situationen meistert, die Ausdauer, dank derer man schwere Prüfungen über sich ergehen läßt, die Geduld, mit der man Unannehmlichkeiten in Kauf nimmt, und schließlich ein gewisses Selbstvertrauen, das nützlich ist, wenn Entscheidungen getroffen werden müssen. Dank der *Beharrlichkeit* erringt man jene kleinen Siege über sich selbst, die die Last des Alltags erträglicher machen. Die Deutschen, die so oft zögern und zweifeln, brauchen die moralische Stärke, die sie aus ihr gewinnen, und die Kontinuität, die sie gewährleistet. Wenn sie beharrlich sind, haben sie, wie Goethe sagt, das Gefühl, „sich die Welt untertan zu machen" – oder zumindest nicht von ihr beherrscht zu werden. Die *Beharrlichkeit* läßt in ihren Augen auf eine ruhige und selbstsichere Stärke schließen. Der Schwache ist starrköpfig, der Starke beharrlich.

Die Beharrlichkeit – gehobene Ebene

Der Deutsche ist zu intensiver Arbeit fähig und verfolgt seine Pläne und Ziele mit unglaublicher Hartnäckigkeit. Die Energie, die er dabei investieren muß, zählt wenig für ihn, unter Umständen wird er sich dessen nicht einmal bewußt. Er hat die Fähigkeit entwickelt, in der obersten Schicht seines Bewußtseins nur das aufzubewahren, was wirklich wichtig ist. Ihre *Beharrlichkeit* in allem hat den Deutschen erstaunliche Leistungen ermöglicht. So hat zum Beispiel der verbissene deutsche Widerstand nach 1943 gegen die weitaus stärkeren alliierten Kräfte die gegnerische Generalität oft in Erstaunen gesetzt. Das *Deutschland gegen den Rest der Welt* ist ein typisch germanischer Mythos, der bei den Deutschen – die sich gern als höher stehend betrachten – eine Art von Schwärmerei auslöst und sie in die Lage versetzt, sich selbst zu übertreffen und über ihre natürlichen Grenzen hinauszuwachsen.

Wenn es darum geht, ein Problem zu lösen, manifestiert sich die *Beharrlichkeit* der Deutschen in einer systematischen Erforschung aller Eventualitäten. Dieser Methode fehlt es zwar an Glanz, aber sie ist ausgesprochen effizient. Sie erfordert viel Geduld und die Fähigkeit, sich mit langweiligen Aspekten seiner Arbeit zu befassen. Denn man muß bereit sein, mühselige Untersuchungen anzustellen, bei denen der reine Verstand wenig beansprucht wird und nur die kaum ins Auge fallende Routinearbeit zählt. Diese *Beharrlichkeit* aber wird fast immer belohnt, da man am Ende des Weges gewöhnlich findet, was man gesucht hat. Die spektakulären Erfolge der Deutschen sind nur selten auf geniale Entdeckungen zurückzuführen, sondern ergeben sich aus einer hartnäckigen Aktivität, die beim Überprüfen aller Möglichkeiten früher oder später notwendigerweise auf jene stößt, die zum Ziel führt.

Der Deutsche erzielt seine Erfolge, weil er sich nicht gezwungen fühlt, um jeden Preis Abwechslung in seine intellektuellen Beschäftigungen zu bringen. Es macht ihm im Grunde nichts aus, sich über Jahrzehnte hinweg mit demselben Thema zu beschäftigen oder seine Gedanken unermüdlich um dieselbe Idee kreisen zu lassen. Auf diese Weise lassen sich die monumentalen, von ihrem Umfang her fast übermenschlichen Werke mancher deutscher Wissenschaftler erklären, wie zum Beispiel im Bereich der philologischen Forschung. Exemplarisch ist das großartige Lexikon der deutschen Sprache, das die Brüder Grimm in einem Zeitraum von nur etwa zwanzig Jahren zu Wege gebracht haben, wobei sie an die 600 000 Karteikarten (mehr als 80 am Tag) ansammelten, ohne jedoch vor ihrem Tod weiter zu kommen als bis zum Buchstaben „F". Mehrere Generationen von Germanisten haben das Werk in der Folgezeit zu Ende geführt, dessen 32. und letzter Band erst 1960, hundert Jahre nach dem Tod Jacob Grimms, erschienen ist.

Die *Beharrlichkeit* der Deutschen manifestiert sich aber auch in ihrem passiven Verhalten. Welches andere Volk würde die zahlreichen und endlosen Reden, die bei allen möglichen Gelegenheiten gehalten werden, ohne Murren über sich ergehen lassen? Selbst bedeutende Persönlichkeiten, die im allgemeinen mit ihrer Zeit geizen, nehmen ohne Protest an diesen Zeremonien teil und interessieren sich sichtlich für das, was vor sich geht. Die Fähigkeit, geduldig zu ertragen, was einen normalerweise anödet und darüberhinaus sogar in irgendeiner Weise einen Nutzen daraus zu ziehen, ist ein typisch deutscher Charakterzug.

Die Beharrlichkeit – praktische Ebene

Die Deutschen verfügen über eine große Begabung, ihre Gewohnheiten und Gebräuche an die folgenden Generationen weiterzugeben. Sie sind sehr viel tiefer in der Vergangenheit verwurzelt als man denkt, und sie nehmen das Vermächtnis des Vorhergehenden mit Vergnügen an. Alles was Tradition ist, gibt ihnen Sicherheit, und sie kultivieren es sorgfältig. Es ist daher nicht verwunderlich, daß die Strukturen ihres Alltags sich kaum wesentlich verändern. Das moderne Leben hat diesem in jüngster Zeit natürlich seine technischen Verbesserungen hinzugefügt, ohne daß dies jedoch zu wirklichen Umwälzungen ihrer traditionsgebundenen Gewohnheiten geführt hätte.

Allgemein gesagt bleiben die Angelegenheiten der Deutschen meistens so, wie sie zu irgendeinem früheren Zeitpunkt arrangiert wurden. Sorgfältig untersucht man die besten Lösungen für ein gegebenes Problem sowie die besten Verfahrensmodalitäten. Wenn man diese einmal gefunden hat, behält man sie bei, was auch immer geschieht. Das gilt für alle Bereiche und für alle Aktivitäten, im privaten Leben ebenso, wie in der Industrie und der Verwaltung. Die Deutschen halten es nicht für erforderlich, ständig Neuerungen einzuführen und um jeden Preis Dinge zu verändern, die sich bewährt haben. Bei jeder Veränderung erfolgt ein Verlust an Zeit, Energie und Produktivität, da die Mechanismen, die einem vertraut sind, aus dem Takt geraten und man folglich neue Gewohnheiten annehmen muß. Der Deutsche modifiziert die bestehenden Strukturen nur, wenn der Gewinn, den er aus dieser Änderung zu erzielen hofft, die Vorteile des Status quo bei weitem übersteigt.

Dieses Beharrungsvermögen ist unbestreitbar ein Trumpf, insofern als es zur Solidität des Systems beiträgt. Hier nur ein banales, aber signifikantes Beispiel: Das Formular für die Steuererklärungen bleibt über Jahrzehnte unverändert, während es in anderen Ländern fast in jedem Jahr anders aussieht. Die Fragen, die man zu beantworten hat, stehen immer an denselben Stellen, weder die Reihenfolge noch die verwendete Terminologie unterliegt irgendwelchen Veränderungen. Jahr für Jahr kann man seine Angaben blind abschreiben, ohne das Risiko einzugehen, sich zu vertun. Die Deutschen würden es nicht verstehen, wenn man diese Art von Fragebogen pausenlos umgestalten würde. Wenn man Änderungen einführt, so folgern sie, war also die vorhergehende Version schlecht. Es gibt infolgedessen auch keinen Grund anzunehmen, daß die neue besser ist.

Die Beharrlichkeit – niedere Ebene

Wer beharrlich ist, der geht das Risiko ein, manchmal nicht anpassungsfähig zu sein. Wer einmal seine Dispositionen getroffen hat, um ein Problem optimal zu lösen, und diese ein für alle Male bestehen bleiben, dem ist sozusagen die Möglichkeit versperrt, kosmetische Korrekturen vorzunehmen, die, allerdings ohne das Wesentliche umzustülpen, für eine bessere Handhabung sorgen und unter bestimmten Umständen eine größere Wirkungskraft entwickeln könnten. Viele Deutsche sind unfähig, die gewohnten, aber dadurch auch ausgetretenen Pfade zu verlassen.

Robert Harcourt hat sinngemäß einmal geschrieben, daß die erstaunliche „Vergessensfähigkeit" der Deutschen ihnen erlaubt, Dinge mühelos ständig zu wiederholen. In Wirklichkeit spiegelt diese Neigung zur Wiederholung das Bedürfnis wider, in einer bekannten und beruhigenden Umgebung zu leben. Die Wiederholung dient vor allem dazu, einen Zustand des Wohlbefindens entstehen zu lassen, in dem Rastlosigkeit und Ängste von einem abfallen. Die berühmte Mainzer Karnevalssitzung, die Jahr für Jahr nach demselben Muster abläuft, stürzt Nicht-Deutsche, die an der x-ten Neuauflage teilnehmen, in tödliche Langeweile. Die meisten Deutschen hingegen amüsieren sich köstlich, nicht etwa, weil sie vergessen haben, was sich in den vorhergehenden Jahren abgespielt hat, sondern gerade weil sie sich daran erinnern! Die Erinnerung an vergangene Freuden verstärkt bei ihnen die gegenwärtige Freude. Alles liegt in der Dauer: Der Deutsche ist beständig bis zum Überdruß.

Fünfter Teil

Der Sinn für das Methodische

Jedes unüberlegte Vorgehen, jede mangelhafte Vorbereitung ist für die Deutschen, die ständig damit beschäftigt sind zu analysieren und vorzusorgen, Untersuchungsverfahren zu erarbeiten und Systeme zu entwickeln, schlichtweg unerträglich. Sie verhalten sich nie intuitiv, sondern richten sich bei allem, was sie tun, nach Vorschriften, die man als perfekt bezeichnen könnte, wenn sie nicht manchmal von jener angeborenen Schwäche beeinträchtigt würden, die für viele Unternehmungen der Deutschen charakteristisch ist: von der Übertreibung. Im allgemeinen ist ihr Handeln sinnvoll und konsequent, ebenso sorgfältig in der Konzeption wie anpassungsfähig in der Verwirklichung. Die Logik, die, wie manche behaupten, in der Mentalität der Deutschen keinen Platz hat, bestimmt die meisten ihrer Aktivitäten und beherrscht ihr Verhalten auch im täglichen Leben. Durch einen methodischen Geist kompensieren sie häufig einen Mangel an Inspiration.

René Cheval hat beobachtet, daß die berühmte deutsche „Maschine" sich in einem ziemlich langsamen Rhythmus, aber ohne Stockung und Nervosität bewegt. Auf diese Weise wird der Mangel an Lebhaftigkeit durch große Regelmäßigkeit korrigiert. Da der Deutsche sich nicht leicht ablenken läßt und seinen Arbeitsplan stets einhält, ist er niemals im Verzug. Die Probleme wachsen ihm nicht über den Kopf, sondern werden, wenn sie auftreten, Zug um Zug erledigt. Das vermeidet Fristüberschreitungen, Vertagungen und lästige Verzögerungen. Die Leute riskieren auch nicht, nervös zu werden, denn sie sind nie wirklich in Zeitnot und haben genügend Spielraum, um unvermutet auftauchende Schwierigkeiten zu bewältigen. Der Geist, der sich nicht von einem Berg unerledigter Probleme erdrückt fühlt, bleibt frei und kann sich anderen Dingen zuwenden.

Jede Arbeit, die von der Person, die mit ihr betraut ist, nicht oder schlecht ausgeführt wurde, muß unter weniger guten Bedingungen von jemand anderem erledigt bzw. wiederholt werden, zu dessen Aufgabenbereich sie normalerweise nicht gehört. Dieses allseitig zu beobachtende Phänomen verursacht eine große Kraftvergeudung, die die Produktivität beeinträchtigt. In Deutschland begegnet man diesem Problem nicht so häufig wie anderswo, weil die meisten Deutschen ihre Arbeit sofort und gewissenhaft zu Ende führen, ohne sie auf einen Kollegen abzuschieben. Engpässe im Arbeitsablauf sind deshalb ziemlich selten. Jeder zieht sich auf den Bereich zurück, für den er verantwortlich ist, und mischt sich in die Aktivitäten der anderen nur ein, wenn man ihn ausdrücklich dazu auffordert. Im Extremfall wird er sich sogar hüten, seine Meinung zu einem Punkt zu äußern, der nicht zu seinem unmittelbaren Aufgabengebiet gehört.

Das „methodische Vorgehen" der Deutschen unterliegt seiner eigenen Logik und seinen eigenen Gesetzmäßigkeiten. Da, wo ein Ausländer nur Verwirrung, Zusammenhanglosigkeit und Unklarheit erkennen würde, sieht der Deutsche eine strenge Ordnung oder eine lückenlose Gedankenkette. Ein Leitartikel, der von einem Deutschen abgefaßt worden ist, kann von einem Franzosen als gekünstelt und weitschweifig eingeschätzt werden, von den Deutschen dagegen als Inbegriff der Klarheit und Bündigkeit. Das liegt daran, daß das Argumentationsmuster der Deutschen anderen Regeln unterliegt und andere Wege verfolgt.

Im Gegensatz zu den romanischen und angelsächsischen Völkern, ist für die Deutschen der kürzeste und auch der beste Weg zwischen zwei Punkten einer Argumentation oder Reflexion nicht unbedingt die gerade Linie. Die Vorgehensweise des Deutschen ist weniger unmittelbar. Er bewegt sich im Zickzack vorwärts, macht an bestimmten Stellen Umwege, kommt wieder zurück, ruft sich gewisse Dinge noch einmal ins Gedächtnis zurück, so, als ob er sie unter verschiedenen Gesichtspunkten und in einem anderen Licht überprüfen wollte. Dadurch sichert er ein weites Feld ab und begutachtet neu, was zunächst abwegig erschien. Die Pausen, die er hier und da einlegt, geben ihm die Möglichkeit, einen bestimmten Aspekt noch zu vertiefen oder einen anderen, auf den er per Zufall bei seinen Irrungen stößt, näher zu durchforschen. Diese Vorgehensweise, die aufgrund der durch sie bewirkten Langsamkeit und Verzögerung nicht besonders effektiv erscheinen mag, bereichert in Wirklichkeit die Beweisführung, weil diese mit Leben erfüllt wird und ein klareres Profil gewinnt. Aus ihr entwickelt sich die Dichte des deutschen Denkens und die Leichtigkeit, mit der sich die Deutschen in den ungangbarsten Wissensgebieten bewegen. Man geht fehl in der Annahme, sie sei irrational. Im Gegenteil, alles ist hier sehr gut geordnet – die zugrundeliegenden Strukturen ebenso, wie die sich daraus ergebenden Arbeitsabläufe.

Kapitel XIV

Die Organisation

Die Deutschen lieben es, etwas aufzubauen, planmäßig vorzubereiten und zu gestalten, und sie blühen buchstäblich auf, wenn sie sich voll und ganz einer solchen Tätigkeit widmen können. Wenn das Organisieren ihnen so großen Spaß macht, dann liegt das vor allem daran, daß sie den Eindruck haben, auf diese Weise Einfluß auf die Wirklichkeit ausüben zu können. Vorauszusehen, was passieren wird und sich darauf einzurichten, das zu tun, was erforderlich ist, damit eine Aktion unter optimalen Bedingungen ablaufen kann, alle Hebel in Bewegung zu setzen, damit eine Unternehmung gelingt, die unterschiedlichsten Mittel zu kombinieren, um das gewünschte Resultat zu erzielen – das ist für sie eine Möglichkeit, das Leben zu beherrschen und sich ihrer Existenz bewußt zu werden. Dem Deutschen gelingt es, die einfachsten Dinge in einem metaphysischen Licht zu sehen. Wo andere nur Banalitäten erkennen können, sieht er einen verborgenen Sinn, den aufzudecken – so glaubt er – ihm gebührt. Die Organisation nimmt auf diese Weise eine nahezu ontologische Dimension an. Wenn er die Dinge so arrangiert, daß sie einem ganz bestimmten Zweck untergeordnet sind, wenn er bewußt ihren Lauf zu beeinflussen versucht, dann hat er das Gefühl, das Schicksal in eine Richtung zu lenken, die seinen Vorstellungen entspricht.

Da die Deutschen ihre Welt um jeden Preis selbst gestalten möchten und sich bemühen, ihr die Form zu geben, die sie für die beste halten, sind sie ständig damit beschäftigt zu experimentieren, Dinge umzustellen oder ungewöhnliche Lösungen auszudenken. Hundert Mal modifizieren sie die bestehende Ordnung, dehnen sie, komprimieren sie, weiten sie aus, bis sie ihr ein neues Gesicht gegeben haben. Von dieser Begabung machen sie in großen und in kleinen Dingen Gebrauch. Im ersten Fall kommt dabei eine gut geölte Organisation heraus, bei der alle Zahnrädchen wunderbar ineinandergreifen, und die eine der Ursachen für den Erfolg der deutschen Industrie ist. Im zweiten Fall wirkt sie sich in jenem minutiös geregelten Leben der meisten Deutschen aus, in dem alles von Anfang bis Ende im voraus geplant und berechnet ist und wo selbst der Wahnsinn exakt festgelegten Kriterien unterworfen scheint.

Die Organisation – gehobene Ebene

Organisieren bedeutet, daß man die Welt neu erschaffen will. Jede Schöpfung setzt in der Tat Festlegung, Ordnung und Reglementierung voraus. Sie ist daher eine permanente Herausforderung an die Anarchie und das Chaos, die der Deutsche so sehr fürchtet. Er kann es nicht ertragen, wenn die Dinge dem Zufall überlassen werden. Er möchte sie nach seiner Vorstellung gestalten oder sie zumindest zwingen, sich seinem Willen zu beugen. In jedem Deutschen schlummert ein kleiner Demiurg, der sich immer dann erhebt, wenn er sich mit Bedingungen konfrontiert sieht, die seinem Weltbild nicht entsprechen. Dann kann er der Versuchung nicht widerstehen, sich darum „zu kümmern“, das heißt die Dinge in die Hand zu nehmen, um sie seinen Idealvorstellungen anzupassen.

Ein Deutscher braucht nur an einen Ort zu kommen, an dem ein gewisses Durcheinander herrscht – schon wird er versuchen, es so schnell wie möglich zu beseitigen, selbst wenn er nicht unmittelbar betroffen ist. Er wird sich – im wörtlichen wie im übertragenen Sinn – in den Mittelpunkt des Geschehens stellen, um rasch einen Überblick über das Problem zu gewinnen, wird dieses mit den Mitteln, die ihm zur Verfügung stehen, analysieren, eine Strategie entwerfen und versuchen, diese sofort in Gang zu setzen. Er wird sich die verschiedenen Teile des Puzzles nach einem Schema zurechtlegen, das er für das Richtige hält – das heißt, das *seiner* Vorstellung von der Angelegenheit entspricht –, ohne auch nur einen Augenblick daran zu denken, daß es auch Lösungen geben könnte, die ganz anders als seine, aber dennoch richtig sind.

Solche Einmischungen bringen ihm viele Enttäuschungen ein. Man kann über den oft naiven Aspekt dieses Verhaltens lächeln, aber es ärgert auch oft die anderen, wenn sie in einem ungünstigen Augenblick damit konfrontiert werden. Der Deutsche ist davon überzeugt, daß er besser „organisieren" kann als andere. Im allgemeinen trifft das sogar zu. Aber dadurch, daß er alles auf sich selbst bezieht, daß er in einer Art und Weise, die keinen Widerspruch duldet, an Stelle der anderen entscheidet, macht er die gute Absicht, die ihn ursprünglich bewegt hat, zunichte: die Hilfe zum Beispiel, die er in einer schwierigen Situation leisten wollte, oder die Lösung eines komplizierten Problems. Der Deutsche wird zum Opfer der hochherzigen Überschwenglichkeit, mit dem er sich in jede Unternehmung stürzt.

Die Deutschen sind dermaßen systematisch, daß selbst der komplizierteste intellektuelle Wust ihnen keine Angst macht: in kürzester Zeit gelingt es ihnen, diesen in ein kohärentes Ganzes zu verwandeln, oder ihm zumindest den Anschein von Kohärenz zu geben, denn die grundsätzlichen Widersprüche bleiben manchmal bestehen, ohne daß es sie über Gebühr störte. Einzelerkenntnisse miteinander zu verbinden, um daraus ein System zu machen, ist eine Übung, die sie fasziniert. Mit einer angeborenen Leichtigkeit gelingt es ihnen, die scheinbar disparatesten Elemente miteinander zu kombinieren. Es reizt sie, zu klassifizieren und umfassende Komplexe zu entwickeln. Diese theoretischen Konstruktionen haben meistens ein praktisches Ziel: die Ordnung, die man mit Hilfe der Organisation herstellt, soll dazu beitragen, die Untersuchung der Fakten oder den Umgang mit den Gegenständen zu erleichtern.

Die Hartnäckigkeit und der Enthusiasmus, mit denen die Deutschen sich der organisatorischen Arbeit widmen, übersteigt häufig den Nutzen, den sie daraus ziehen können – und zwar sowohl auf der intellektuellen wie auf der praktischen Ebene. Aber sie machen daraus, wie aus so vielen anderen Dingen, eine Frage des Prinzips: die Vernunft muß bei jeder

Gelegenheit die Materie beherrschen, keine Unordnung soll der Kraft des Intellekts widerstehen.

Die Organisation – praktische Ebene

Ob es sich um die Bewältigung praktischer Fragen oder die Lösung geistiger Probleme handelt – die Deutschen verwenden immer dieselben Rezepte: Ordnung, geistige Disziplin und systematisches Vorgehen. Mehr noch als um die Strukturierung ihres Geistes bemühen sie sich um die praktische *Organisation* ihres Lebens. Der Alltag ist häufig so rigoros durchgeplant, daß für Unvorhergesehenes und Ungefähres kein Platz mehr bleibt. Man ist immer auf der Suche nach optimalen Bedingungen, man entfaltet einen ausgeprägten Ideenreichtum, um neue Arbeitsabläufe zu organisieren, und man tut alles, um die geringsten Details zu verbessern.

Der Deutsche möchte effizient sein. Es ist eine fast gefährliche Leistungsfähigkeit, die den Entscheidungsträgern keinen Spielraum für eventuelle Meinungsänderungen läßt. Kaum ist eine Anweisung erteilt, schon wird sie auch ausgeführt. In Deutschland ist der Weg zwischen Konzeption und Realisation daher meist sehr kurz. Der Deutsche geht die Probleme direkt und pragmatisch an. Wenn eine bestimmte Disposition nicht paßt, wird unverzüglich eine andere getroffen. Wenn ihm eine bestimmte Art der Organisation nicht recht ist, wird er sie ohne Zögern ändern. Der Deutsche schleppt sich nicht endlos mit unbefriedigenden Lösungen herum, rücksichtslos eliminiert er die Strukturen, die ihm nutzlos oder unangemessen erscheinen.

Edward und Mildred Hall weisen darauf hin, daß die Deutschen ihre Leistungsfähigkeit verbessern, indem sie die meisten Aufgaben systematisieren und sie auf diese Weise zur Routine machen: der Deutsche „konzentriert sich ausschließlich auf die gerade anfallende Arbeit und macht immer nur eine Sache auf einmal"; „die Organisationspläne sind für ihn heilig und unantastbar".

Die Besessenheit der Deutschen, alles perfekt zu organisieren wird zum Beispiel bei den Vorbereitungen zu einer großen Demonstration deutlich. Eine Gewerkschaft, die beschlossen hat, zu einer Demonstration in der Hauptstadt aufzurufen, um gegen eine Maßnahme der Regierung zu protestieren, und mit etwa 200 000 Demonstranten rechnet, muß als erstes eine Kaution hinterlegen, die dafür bestimmt ist, für eventuell aufgrund der Demonstration entstehende Schäden aufzukommen. Daraufhin kommen Vertreter der Gewerkschaft, der Stadtverwaltung und der Polizei zusammen, um den Ablauf dieser Demonstration minutiös durchzuplanen. Um die Demonstranten dazu zu bringen, sich korrekt zu verhalten, läßt die Stadtverwaltung überall Transparente mit Aufschriften etwa folgenden Inhalts anschlagen: „Bonn ist eine liebenswürdige Stadt – Seien Sie auch liebenswürdig zu ihr!“ Die Stadt, die Polizei und die Gewerkschaft installieren – jeder für sich – Spezialtelefonleitungen, um die Mitbürger über den Ablauf der Demonstration und über mögliche Staus zu informieren, aber auch um eventuelle Beschwerden zu registrieren. Man stellt einen Plan auf, um die zahlreichen Sonderzüge, mit denen ein Teil der Demonstranten anreist, einigermaßen gleichmäßig auf die verschiedenen Bahnhöfe der Hauptstadt zu verteilen. Für Tausende von Bussen werden besondere Parkplätze bereitgestellt. Jeder von ihnen ist mit einer Farbe gekennzeichnet, die schon auf den Anzeigetafeln erscheint, mit Hilfe derer die Busse auf den Zufahrtswegen ins Zentrum der Stadt geleitet werden. An den Sammelpunkten bilden sich mehrere Züge, die sich auf vorher festgelegten Marschrouten, die ebenfalls durch Pfeile gekennzeichnet sind, auf die Stelle zubewegen, an der die eigentliche Demonstration stattfindet. Dort sind, ebenso wie auf der Wegstrecke der Vorbeiziehenden, Hunderte von Containern und Abfalleimern aufgestellt, um den anfallenden Müll aufzunehmen. Die Demonstranten können an zahlreichen Ständen ihren Hunger stillen und ihren Durst löschen und in rollenden Toilettenständen, die an strategisch günstigen Punkten aufgestellt sind, ihre natürlichen Bedürfnisse befriedigen.

Die Vorbereitung von Zeremonien oder Festen, großen oder kleinen, offiziellen oder privaten, ist in Deutschland eine äußerst komplizierte Angelegenheit, die generalstabsmäßig durchgeführt wird und eine hektische Aktivität auslöst. Die *„Organisation“* – der Begriff ist keineswegs zu stark – des Weihnachtsfestes ist dafür ein anschauliches Beispiel. Zwei Monate im Voraus drucken die Tageszeitungen Artikel ab, die sachkundige Hinweise geben, wie man den Streß, der dieser Art von Vorbereitungen eigen ist, vermeidet, wie man alles gut erledigt und nichts vergißt. Eine Zeitung veröffentlicht einen Arbeitsplan, der vorsieht, daß mit den Vorbereitungen genau 50 Tage vor Weihnachten begonnen werden soll:

- *sofort zu erledigen:* mit den Strickarbeiten anfangen, um sicher zu gehen, daß sie rechtzeitig fertig werden; teure Geschenke kaufen (Schmuck, Pelze), weil die Auswahl noch groß ist; für diejenigen, die in den Wintersport fahren wollen, einen Termin mit der Autowerkstatt ausmachen und Schneeketten und Winterreifen besorgen
- *um den 15. November herum:* Geschenke in den Versandkaufhäusern bestellen; Pakete, die ins Ausland gehen sollen, bei der Post aufgeben; Spielzeug kaufen (später ist die Auswahl sehr viel kleiner)
- *etwa am 25. November:* über Besuche und eventuelle Einladungen nachdenken; Kalender und Weihnachtskarten kaufen; Theaterkarten und Tisch im Restaurant reservieren lassen
- *am 5. Dezember:* Termin beim Friseur vereinbaren; Christstollen backen; Fleisch und Fisch vorbestellen; Kleidung überprüfen, die man am Heiligabend anziehen will
- *um den 15. Dezember herum:* Plätzchen backen; Weihnachtsbaum kaufen; Weihnachtskarten verschicken
- *ab 20. Dezember:* Silber putzen; die guten Tischtücher waschen und bügeln; Filme kaufen und den Blitz aufladen; kontrollieren, ob Aspirin und Alka-Selzer im Hause ist; überprüfen, ob genügend Salz, Pfeffer, Zucker, Öl, usw. vorrätig sind; Getränke besorgen

- *am Vorabend von Weihnachten:* Liste der diensthabenden Ärzte und Apotheker aus der Zeitung ausschneiden; volltanken; die bestellten Lebensmittel abholen
- *am Weihnachtstag selbst:* sich freuen, sich freuen, sich freuen!

Viele Deutsche unterwerfen sich dieser Art von Planung, ohne auch nur im Geringsten das Gefühl zu haben, damit auf ihre Spontaneität zu verzichten . . .

Die Organisation – niedere Ebene

Die Gefahr, der die Deutschen ausgesetzt sind – die soeben gesehenen Beispiele zeigen dies zur Genüge –, liegt darin, daß man ein Stadium erreicht, in dem man nur noch die *Organisation* organisiert, das heißt, in dem sich letztere in gewisser Weise selbst aufhebt. Von einem bestimmten Punkt an ist es nicht mehr möglich, einen Überblick zu behalten und zu kontrollieren, was man gerade organisiert. Man verliert sich dann in Einzelheiten, die, jede für sich genommen, immer wichtiger werden, was es erforderlich macht, wiederum diese zu „organisieren", eine nach der andern. Da sich dieses Phänomen bis ins Unendliche immer wieder neu reproduzieren kann, wird sich die *Organisation* immer kleineren und vom ursprünglichen Mittelpunkt immer entfernteren Einheiten zuwenden.

Eine einfache und leicht zu überschauende Angelegenheit kann somit in den Händen der Deutschen schrecklich kompliziert werden und über verschiedene Zwischenstationen in eine Sackgasse führen, wobei jedes Teil des Puzzles durch ein anderes bekämpft, konterkariert oder zerstört wird. Es kommt zur totalen Blockierung, bei der alles aufhört zu funktionieren. Da es nicht möglich ist, den Knoten zu lösen (dazu müßte man alles im Rückwärtsgang ent-organisieren, eine Aufgabe, der ein Deutscher psychisch nicht gewachsen ist, da er ständig durch sein *Streben* nach vorn getrieben wird), kann nur eine explosionsartige Entladung die verfahrene Situation auflösen, die das Unternehmen, das es ursprünglich zu organisieren galt, zugrunde richtet. Das erklärt einige der Mißerfolge der Deutschen und, zumindest teilweise, die nationalen Katastrophen, die dieses Land erfahren hat.

Es kommt auch vor, daß die deutsche Organisation auf der Stelle tritt, weil sie dem schon Bestehenden immer wieder Neues hinzufügt: nachdem man zum Beispiel ein Kontrollsystem eingerichtet hat, fügt man ein zweites und dann ein drittes hinzu; dann will man das Kontrollsystem selbst kontrollieren, was eine vierte Instanz erforderlich macht, die den schon immer weniger funktionierenden Mechanismus weiter belastet. In diesem Stadium verheddert sich der Deutsche in einem Labyrinth von Operationen, Versuchen, Kontrollen, Vorsichtsmaßnahmen und Initiativen, von denen eine vergeblicher als die andere ist. Er vermag nicht mehr zwischen wichtigen und unwichtigen Aspekten zu unterscheiden, verliert immer wieder die Richtung aus den Augen und hindert sich letztlich selbst daran, das gesteckte Ziel zu erreichen.

Die Deutschen sind noch einer anderen Gefahr ausgesetzt: nachdem sie eine perfekte *Organisation* auf die Beine gestellt haben, halten sie es nicht mehr für nötig, sich weiter darum zu kümmern. Sie neigen in der Tat dazu, sich zu sehr auf die Routine zu verlassen. Wenn man Leuten Einflußmöglichkeiten gibt, die diese bisher nicht hatten, oder wenn man die Last, die ein bestimmter Aufgabenbereich mit sich bringt, einem anderen aufbürdet, oder aber wenn man die als unantastbar angesehenen Strukturen unmerklich modifiziert, dann kann es passieren, daß das bestorganisierte Gebäude zuerst rissig wird und dann einstürzt. In ihrem blinden Vertrauen in die Perfektion der „deutschen Organisation" werden die Deutschen oft von einer derartigen Erscheinung überrascht. Wenn sie schließlich realisieren, was vor sich geht, ist es im allgemeinen zu spät, um zu reagieren.

Je mehr die Dinge durchorganisiert sind, desto größer ist die Gefahr, daß ein winziges Sandkorn sie lahmlegen kann. Für ein Individuum oder ein Volk, das gewohnt ist, mit verwickelten Situationen zu leben und auch mit ihnen irgendwie fertig zu werden, ist ein solches Abenteuer kein großes Problem. Für die Deutschen hingegen ist es das reinste Drama. Wenn ihre *Organisation* irgendwo „hakt", bricht für sie eine Welt zusammen. Das Gefühl, einer Ungerechtigkeit zum Opfer zu fallen, das die Deutschen so oft erfaßt, verstärkt dann nur noch ihre Verwirrung.

Kapitel XV

Die Genauigkeit

Wenn die Deutschen, wie Edward und Mildred Hall bemerken, an einem „Informationsüberfluß“ leiden, der sie manchmal unfähig macht, alle Informationen, die ihnen zur Verfügung stehen, wirklich zu nutzen, dann liegt das im wesentlichen daran, daß sie unbedingt den Spielraum, in dem Interpretationen möglich sind, reduzieren und nichts dem Zufall oder der Phantasie überlassen möchten. Je mehr Informationen ihnen über irgendeine Sache zur Verfügung stehen, desto mehr sind sie überzeugt, sie beherrschen zu können. Da sie ihren Hang zur Zweideutigkeit nur zu gut kennen, versuchen sie diese zu bekämpfen, indem sie alles bis ins kleinste Detail klarstellen. Sie mißtrauen allem, was ihnen verschwommen und unklar erscheint und Anlaß zu Mißverständnissen geben oder ein Gefühl der Unentschlossenheit in ihnen auslösen könnte. Je klarer die Dinge definiert sind, desto geringer ist dieses Risiko. Der Deutsche wird auf diese Weise zu einem Genauigkeitsfanatiker. Dadurch, daß er Details ansammelt, versucht er Unsicherheiten zu vermeiden, die sein meist prekäres inneres Gleichgewicht durcheinanderbringen könnten. Das gewünschte Ziel wird allerdings nicht immer erreicht. Nirgendwo auf der Welt gibt es zum Beispiel so viele Verkehrsschilder wie an deutschen Straßen. Der Autofahrer wird auf diese Weise dermaßen mit Informationen überhäuft, daß er vor lauter Bäumen den Wald nicht mehr sieht.

Der deutsche Satzbau wurde im Laufe der Jahrhunderte immer komplizierter, weil man immer mehr Informationen hineinzwängen wollte. Mehr als alles andere spiegelt er das unstillbare Bedürfnis der Deutschen nach *Genauigkeit* wider. Die deutsche Sprache, die für denjenigen, der mit ihr umzugehen weiß, von einer unvergleichlichen Geschmeidigkeit und von einem großen Reichtum geprägt ist, jongliert mit den

Subjekten, den Verben, Attributen und Objekten, verschachtelt die Zwischen- und Nebensätze, um sie zu zergliedern und auf einer höheren Sprachebene wieder zusammenzufügen, bläst den Hauptsatz bis an die Grenze des Erträglichen auf, überfrachtet in subtiler Weise den Inhalt der untergeordneten Sätze, zieht die Abfolge der nebeneinander stehenden Satzteile unendlich auseinander, klammert sich schließlich im letzten Moment durch eine sprachliche Finesse an einen Umstandssatz, der in der Lage ist, den tieferen Sinn des Ganzen zu enthüllen. Ohne jemals den syntaktischen Gesamtzusammenhang aus dem Auge zu verlieren, gelingt es ihr, alle Facetten einer Idee zu beleuchten und die Totalität des Problems zu erfassen. Aber nur der Verstand eines Deutschen oder eines Ausländers, der über eine langjährige Praxis verfügt, kann allen Windungen folgen, ohne sich zu verlieren.

Die Genauigkeit – gehobene Ebene

Der Deutsche hat es nicht gern, wenn ihm zeitliche oder räumliche Grenzen gesetzt werden. Er will die Möglichkeit haben, seine Ideen und Gefühle auszubreiten. Seine schriftlichen und mündlichen Ausführungen sind immer lang. Er hat eine Vorliebe für peinlich genaue Erzählungen, eingehende Berichte und ausführliche Aufzählungen. Er legt Wert darauf, *alle* Elemente und *alle* Aspekte eines Problems zu kennen. Je präziser das, was man ihm mitteilt, ist, desto wahrer und interessanter erscheint es ihm. Der Deutsche ist kein Anhänger der Zwischentöne und Andeutungen. Er will, daß man ihm alles bis ins kleinste erklärt und zögert nicht, dies auch selbst zu tun. In jedem deutschen Exposé, sei es mündlich oder schriftlich, geht man unweigerlich auf die Geschichte des betreffenden Problems ein, zeigt Tendenzen und Zielsetzungen auf und beschreibt die möglichen Konsequenzen. Diese ausschweifende Art, die Ausländern manchmal auf die Nerven geht, weil sie sie als langatmig empfinden, ist für die Deutschen unentbehrlich, da sie ihnen erlaubt, die von ihnen gefürchteten Mißverständnisse zu vermeiden.

Alles, was unklar oder schlecht definiert ist, alles, was der Deutlichkeit entbehrt oder nicht analysiert werden kann, alles, was man nicht packen oder räumlich nicht fixieren kann, ist für einen Deutschen von vornherein suspekt. Er hütet sich vor Situationen, die zu begreifen ihm schwer fällt, weil sie ihm irgendwelche verborgenen Gefahren zu enthalten scheinen. Da er dann in seinem geistigen Aktionsradius und seiner psychischen Aufnahmefähigkeit eingeschränkt ist, wirkt er stumpfsinnig und unbeholfen. In Wirklichkeit hat er sich nur in sein Schneckenhaus zurückgezogen, um abzuwarten, daß Zeit und Umstände ihm zusätzliche Informationen liefern, die es ihm ermöglichen, endlich das Problem, mit dem er sich konfrontiert sieht, in seiner Gesamtheit zu erfassen.

Der Deutsche liebt klare Verhältnisse: eine Person ist Freund oder Feind, eine Sache ist nützlich oder überflüssig, eine Idee gut oder schlecht, ein Gefühl edel oder gemein. Er möchte sich in seinem Verhalten an deutlich erkennbaren Gegebenheiten orientieren, in Kenntnis der Sachlage Position beziehen und in vollem Bewußtsein handeln. Selbst wenn es manchmal besser wäre, bestimmte Dinge im Unklaren zu lassen, kann er sich nicht enthalten, sie zu präzisieren, und sei es auf Kosten seiner eigenen Interessen.

Die Genauigkeit – praktische Ebene

Die *Genauigkeit* ist letztlich nichts anderes als die Umsetzung der Achtung, die das Individuum gegenüber den Bedingungen, in denen es lebt und arbeitet, empfinden sollte. Der methodische Geist der Deutschen paßt sich dieser Notwendigkeit nicht nur hervorragend an, sondern findet in ihr zudem einen gewissen Genuß. Für sie kann es nur ein Vorteil sein, wenn man beispielsweise versucht, ein Ereignis so richtig und so genau wie möglich zu beschreiben. In ihren Augen kann die

Wahrheit niemals nur andeutungsweise erreicht werden. Die Suche nach ihr setzt daher beträchtliche Anstrengungen voraus.

Da, wo man in einer nichtdeutschen Radiosendung sagen würde: „im Verlauf von Unruhen in X hat es etwa hundert Tote gegeben", wird der deutsche Sender präzisieren: „hat es 89 Tote gegeben". Wenn es darum geht, ein großes internationales Treffen vorzubereiten, fangen die Deutschen schon ein halbes Jahr vorher an, das Programm festzuschreiben und legen dabei besonderen Wert auf die Details, die man anderswo zu vergessen pflegt. Wenn sie sie so lange Zeit im voraus präzisieren und regeln, haben sie das Gefühl, sich den Kopf für wesentliche Dinge freizuhalten.

Diese Beispiele zeigen, wie sehr die Sorge um *Genauigkeit* die Deutschen beschäftigt, aber sie lassen auch die Vorteile, die sie daraus gewinnen, erkennen. Denn im modernen, komplexen und immer schwerer zu steuernden Wirtschaftsleben sind es häufig die kleinen Ungeschicklichkeiten und Irrtümer in scheinbar nebensächlichen Bereichen, die das Funktionieren des ökonomischen Mechanismus aufhalten und die unter dem Aspekt der Produktivität überproportional hohe Kosten verursachen, mehr jedenfalls als die, die auf Fehler in der Betriebsführung zurückgehen. In deutschen Fabriken und Büros ist wenig Platz für Nachlässigkeit, weil die Aufgaben jedes Mitarbeiters, die Arbeitsabläufe und die Unternehmenspolitik mit höchster Präzision festgelegt sind und ihre praktische Durchführung mit großer Entschiedenheit überwacht wird.

Der Deutsche erwartet, daß die Maschinen, die er kauft, präzise funktionieren. Man muß also, wenn man sie baut, sehr strenge Richtlinien bei der Fabrikation und bei der Kontrolle entwickeln, mit anderen Worten gerade den Details größte Aufmerksamkeit schenken. Wenn irgendwo eine Schraube nicht richtig angezogen ist, besteht die Gefahr, daß die ganze Maschine nicht perfekt läuft. Man nimmt folglich „die kleinen Schwachpunkte" aufs Korn, indem man überall, wo man sie vermuten könnte, zahlreiche und strenge Kontrollen durchführt. Man bezieht dabei nicht nur die wesentlichen Teile der Maschine (zum Beispiel die Bremsen in einem Auto), sondern auch die nicht lebensnotwendigen Teile (zum Beispiel das Armaturenbrett), mit ein. Eine Automarke wird nicht nur nach der Qualität ihrer Motoren, sondern auch nach der Sorgfalt, mit der die Polster verarbeitet wurden, beurteilt. Die Ansprüche einer Kundschaft, die in allen Bereichen die kleinste Nachlässigkeit hart bestraft, erklären zum großen Teil die bemerkenswerte Verarbeitung deutscher Produkte.

Auf praktischer Ebene manifestiert die *Genauigkeit* sich auch durch Pünktlichkeit, Regelmäßigkeit und Fleiß. Lieferfristen, Verabredungen und Termine werden genau eingehalten. Wenn ein Deutscher verspricht, „in einem Monat" einen Gegenstand zu liefern, ist das keine einfache Größenordnung, sondern es bedeutet, daß der Gegenstand tatsächlich in 30 Tagen zugestellt wird. Da diese Einstellung allgemein verbreitet ist, gibt es bei den Auslieferungen so gut wie keine Verzögerungen. Schickt man montags einen Brief ab, um irgendeine Ware in einer 500 km entfernten Stadt zu bestellen, wird diese häufig am darauffolgenden Freitag angeliefert. Das ist nur möglich, weil sich auf allen Ebenen die betroffenen Personen und Stellen (Post, Eisenbahn, Registratur der Firma, Kundendienst des Auslieferungslagers, Rechnungsbüro, Verpackungsdienst, Versanddienst, usw.) gewissenhaft und schnell ihrer jeweiligen Aufgabe entledigen.

Die Genauigkeit – niedere Ebene

Pünktlichkeit ist ein so beherrschendes Element im Alltagsleben der Deutschen, daß sie oft zu einer Obsession wird. Es gibt Deutsche, die solche Angst haben, eine Minute zu spät zu kommen, daß sie eine halbe Stunde zu früh da sind! Wenn die Pünktlichkeit übertrieben wird, ist sie ähnlich wie eine gewisse rechthaberische Pingeligkeit entnervend, da sie die Dinge häufig eher verkompliziert, als sie in Ordnung zu bringen.

Dadurch, daß die Deutschen zu hartnäckig auf Details bestehen, werden ihre Handlungen schwerfällig, und weil sie nichts im Dunkeln lassen wollen, engen sie ihren Handlungsspielraum erheblich ein und halten sich kein Hintertürchen offen.

Manche Deutsche sind gefürchtete Haarspalter. Aggressiv und manchmal sogar arrogant, bestehen sie darauf, die Dinge bis ins kleinste Detail festzulegen, obwohl dies ganz offensichtlich völlig überflüssig ist, und gehen ihren Verhandlungspartnern durch ihre Pedanterie auf die Nerven. Es kommt vor, daß sie großes Aufheben um Lappalien machen, daß sie endlos an völlig belanglosen Problemen herumnörgeln und sich starrköpfig und borniert bei Dingen zeigen, die nicht der Rede wert sind. Solche Nörgeleien, die man nicht auf Bösartigkeit zurückführen kann, sondern auf ihre absolute Gewißheit, Recht zu haben, sind Ausdruck eines mangelnden psychologischen Einfühlungsvermögens. Dieses hat seinen Ursprung in der bei vielen Deutschen zu beobachtenden Neigung, immer jeden Zustand, jede Situation und jede Verhaltensweise losgelöst von ihrem Kontext festlegen zu wollen. Ohne auf die Stimme der Vernunft oder die des Herzens zu hören, verhalten sie sich dann wie Roboter, denen es an Spontaneität und menschlicher Wärme fehlt. Solche Typen sind nur noch als Karikaturen zu ertragen: In seinen Szenen des deutschen Alltags hat Loriot die anmaßende Beschränktheit und aufgeblasene Mittelmäßigkeit dieser Leute durch eine überspitzte Darstellung treffend karikiert.

Kapitel XVI

Der Fleiß

Fleißig sein bedeutet, sich aus freien Stücken zu bemühen. Fleiß verdient immer Erfolg und Belohnung. Er ist daher in der Vorstellung der Deutschen ein äußerst positiver Begriff, der ein sehr weites Bedeutungsfeld abdeckt und Elemente, die tief ins kollektive Unbewußte reichen, beinhaltet.

Zunächst umfaßt das Wort *Fleiß* die Begriffe Ernsthaftigkeit, Geschäftigkeit und Unternehmungsgeist. Hier ist mehr oder weniger die Mühe angedeutet, die man sich geben muß, um sein Ziel zu erreichen – was sich deutlich in der Redewendung *Ohne Fleiß kein Preis* widerspiegelt. Eng verbunden mit dem *Fleiß* ist der Begriff *Arbeit,* und zwar im positiven Sinn von „sich bemühen". Zahlreiche Sprichwörter weisen im übrigen nachdrücklich darauf hin, daß Arbeit einen hohen Stellenwert hat: *Arbeit macht das Leben süß, Arbeit ist des Bürgers Zierde* oder *Arbeit adelt.*

Als natürliche Begleiterscheinung des *Fleißes* gehört die *Tüchtigkeit* zu jenen verschwommenen und gleichzeitig bedeutungsschweren Begriffen, die der deutschen Sprache ihre große Tiefenschärfe geben. Auf eine etwas boshafte Weise hat Edmond Vermeil sie definiert als „die Gesamtheit jener mittelmäßigen Eigenschaften, die man haben muß, um sein Ziel zu erreichen". Man würde den Deutschen jedoch Unrecht tun, wenn man die Tüchtigkeit nur darauf reduzierte. Sie führt zu Erfolg und Leistung, im materiellen wie im moralischen Sinn. Sie bedeutet daher auch Verdienst, Ausdauer und Entschlossenheit. Gegen Ende des Mittelalters wurde das Adjektiv *tüchtig* verwandt, um einen Menschen zu charakterisieren, der ritterlich, mutig und stark war. Der Sinn des Wortes hat sich nach und nach ausgeweitet, um zunächst die Aspekte von Geschicklichkeit und Erfahrung und dann von Robustheit, Lebenskraft und Leistungsfähigkeit einzubeziehen. Wenn heute ein Deutscher jemanden als *fleißig* oder *tüchtig* bezeichnet, ist alles gesagt! Das ist ein Kompliment, das denjenigen, auf die er es bezieht, schmeichelt. Man tut alles, um es zu verdienen.

Da die Deutschen diesen Begriffen schon seit Jahrhunderten eine große Bedeutung beimessen, sind sie heute zutiefst davon überzeugt, daß *Fleiß* und *Tüchtigkeit* in erster Linie deutsche Eigenschaften sind. Der Kampf gegen den Müßiggang hat in Deutschland schon sehr früh begonnen. Verschiedene polizeiliche Vorschriften, die ursprünglich aus dem 16. Jahrhundert stammten und noch im Kaiserreich gültig waren, legten fest, daß es nur Kranken erlaubt war zu betteln. Alle, die die Kraft dazu hatten, waren verpflichtet zu arbeiten. Die Beamten mußten die Faulen erbarmungslos bestrafen und sie zwingen, sich eine Beschäftigung zu suchen. Vom 18. Jahrhundert an war es, wie Paul Münch beobachtet, der merkantilistische Geist, der sich diese Einstellung zu eigen machte. Es erwies sich nun als opportun, den Arbeitseifer zu fördern, der zu einem Faktor der Produktivität und des Reichtums geworden war. Unter diesem Aspekt wurde die Faulheit als Hemmschuh der wirtschaftlichen Entwicklung betrachtet. So schreibt Johann von Justi 1761: „... folglich ist es allerdings eine Pflicht der Untertanen gegen den Staat, daß sie durch Fleiß und Geschicklichkeit ihr Vermögen zu vergrößern suchen ... Denn das Vermögen eines jeden Bürgers ist zugleich ein Teil von dem Vermögen des Staates."

Den Leuten ein schlechtes Gewissen einzujagen, ist eine bewährte Methode, um sie zum Arbeiten zu bringen. Die Religion hat sich mit großem Erfolg ihrer bedient und mit theologischen Argumenten die Bevölkerung zu einer aktiven Lebensweise angehalten. „Unser Herr Gott hat alle Menschen zur Arbeit erschaffen, wer müßig geht, der verachtet Gottes Schöpfung" (Johann Agricola, 1534); „Derhalben soll ein jeglicher, dieweil es Gott selbst befohlen hat, arbeiten." (Johann Mathesius, 1589); „Gott hilft dem Fleiß" (Christophorus Lehmann, 1637). Mit dieser Sakralisierung der Arbeit, geht der ständige Kampf gegen den Müßiggang, die Quelle allen Übels, einher: „Ein Müßiggänger ist lebendig Todt – Müßig leben verdirbt den Leib und Vernunft – Ein Müßiger gibt ein bösen Bürger".

Lange Zeit wurden *Fleiß* und *Tüchtigkeit* als ein möglicher Weg angesehen, Buße zu tun und das Seelenheil zu erlangen, später galten sie im Bewußtsein der Deutschen „als sinnvoller und notwendiger Inhalt menschlicher Existenz" (Paul Münch), mit anderen Worten als Tugenden, dank derer der Mensch in der Lage ist, sich selbst zu verwirklichen. Dahinter steht das Ziel, durch die individuelle Arbeit mittels der eigenen Hauswirtschaft auch die wirtschaftliche Stabilität des Staates und der Gesellschaft insgesamt abzusichern. Der Einfluß des Protestantismus mit seinem Arbeitsethos ist in dieser Entwicklung von entscheidender Bedeutung gewesen. Gegen Ende des 18. Jahrhunderts sind jedenfalls *Fleiß, Tüchtigkeit* und alles, was mit ihnen verbunden ist, zu integralen Bestandteilen der deutschen Mentalität geworden.

Der Fleiß – gehobene Ebene

Die Deutschen haben eine sehr einfache und natürliche Beziehung zum Geld: weder ist es schändlich, es zu besitzen, noch unehrenhaft, es zu verdienen. Viel Geld zu haben, ist sogar ein Grund, stolz zu sein, denn es ist der beste Beweis, daß der Himmel die Arbeit, die man leistet, segnet. Der Einfluß des Protestantismus auf diese Einstellung ist unverkennbar. Das schlechte Gewissen und die Komplexe, die in den romanischen Ländern mit dem Besitz von Reichtümern oft einhergehen, existieren in Deutschland nicht. Hier ist das Geld kein Tabu. Man spricht offen von seinem Einkommen und zögert nicht, seinen Wohlstand zur Schau zu stellen.

Weil das Geld als Belohnung für individuelle Verdienste angesehen wird, bekommt es einen besonderen, ja fast sakralen Wert. Man muß es daher mit großer Zurückhaltung verwenden. Man darf es weder zu großherzig für andere ausgeben, noch für nichtige persönliche Bedürfnisse verschwenden. Die Vorstellung, daß das Geld eng mit der Person verbunden ist, der es gehört, erklärt die Knauserigkeit mancher Deutscher sowie den Hang zur Sparsamkeit, der in fast allen angelegt ist.

Wer *fleißig* ist, hat das Recht auf eine Kompensation. Im Bereich des weltlichen Lebens sind dies materieller Erfolg, Reichtum und die irdische Habe; auf geistiger Ebene wird man durch die Befriedigung, seine Pflicht erfüllt zu haben, durch den Segen des Himmels und durch das ewige Heil entschädigt. Der Umfang dieser „Entlohnung" steht in unmittelbarer Relation zur Qualität der geleisteten Arbeit. Je besser man arbeitet, desto größer ist die Belohnung, vorausgesetzt, jeder handelt seinen physischen und intellektuellen Fähigkeiten gemäß. Mit anderen Worten, es ist die Absicht, die zählt und belohnt wird. Letzlich wird ein Individuum weniger nach den Resultaten, die es erzielt, als nach dem *Fleiß* und der Tüchtigkeit, die es unter Beweis stellt, beurteilt.

Die Deutschen sind davon überzeugt, daß die Arbeit zur menschlichen Natur gehört und daß jeder Mensch Spuren seiner Wanderung durch dieses irdische Jammertal zurücklassen sollte. Der *Fleiß* ist also nichts anderes als der heimliche Wunsch, um jeden Preis eine, wenn auch nur bescheidene, Rolle zu spielen und zu irgendetwas nützlich zu sein. *Ein unnütz Leben ist ein früher Tod,* schrieb Goethe. Das Gefühl zu haben, von niemandem gebraucht und links liegen gelassen zu werden, ist für einen Deutschen schlichtweg nicht zu ertragen und zutiefst demoralisierend. Das ist der Grund dafür, daß er unter allen Umständen verzweifelt versucht, Einfluß auszuüben und irgendwelche nützlichen Funktionen zu übernehmen. Er hat das dunkle Gefühl, daß nur Aktivität ihn vor der Faszination, die das Nichts auf ihn ausübt, schützen kann.

Da der Deutsche sich aufgrund seines *Fleißes* stark fühlt, geht er Schwierigkeiten nicht aus dem Weg. Im Gegenteil, er bietet ihnen die Stirn in der festen Absicht, sie zu überwinden.

Je unlösbarer sie erscheinen, desto verbissener stürzt er sich auf sie und desto größer sind seine Befriedigung (sich selbst gegenüber) und sein Stolz (anderen gegenüber), sie bewältigt zu haben. Ein Hindernis ist eine Herausforderung, die seinen Sportsgeist belebt und es ihm ermöglicht, seinen Wert unter Beweis zu stellen. Seine wirkliche Stärke zeigt der Deutsche, wenn er kämpfen muß. Ohne eine Herausforderung, der er sich stellen muß, und ohne eine Aufgabe, bei der sein *Fleiß* sich austoben kann, verkümmert er.

Der Fleiß – praktische Ebene

Es wäre allerdings falsch zu glauben, die Deutschen seien „workaholics". Der Deutsche arbeitet gern und gut, aber er liebt die Arbeit nicht um ihrer selbst willen; er ist fleißig, gewissenhaft und arbeitsam, aber er findet größere Befriedigung darin, Arbeit zu akzeptieren, als sie auszuführen; er geht der Arbeit nicht aus dem Weg, aber er sucht sie auch nicht systematisch. Wenn sich die Deutschen offensichtlich bereitwillig an ihre Aufgaben machen, heißt das noch lange nicht, daß sie zu Frondiensten herangezogen werden können. Das Arbeitsethos ist sicherlich bei vielen ein Motor des Verhaltens, doch geht dies nicht so weit, daß man sie dazu bringen könnte, sich totzuarbeiten.

Die Deutschen arbeiten im Durchschnitt sogar weniger als andere Völker. Was ihnen den Ruf verschafft, Arbeitstiere zu sein, sind die Regelmäßigkeit, Qualität und Schnelligkeit, mit der sie ihre Arbeit verrichten. Kein Deutscher hat jemals geglaubt, daß langes Arbeiten eine Tugend an sich sei. Im Gegenteil, man ist sogar der Meinung, daß derjenige, der nicht imstande ist, seine Arbeit in der Zeit, die ihm zur Verfügung steht, zu Ende zu führen, ein Mensch ist, der nicht organisieren kann und der nicht über die nötige Selbstdisziplin verfügt, in einem Wort, der unfähig ist.

Dank des *Fleißes* macht man sich ohne den geringsten Widerwillen ans Werk. Je schneller man sich daranmacht, desto schneller ist man davon befreit. Der Tagesablauf der Deutschen, der sehr früh beginnt und sehr früh endet, läßt sich nicht allein mit klimatischen Bedingungen erklären. *Morgenstund hat Gold im Mund* sagt das Sprichwort. In der Tat beginnen die Deutschen gern mit ihrer Arbeit, wenn die Lebenskräfte noch unverbraucht sind und bevor die kleinen Schikanen des Lebens die Energie angezapft und die gute Laune verdorben haben. Man stürzt sich also gleich zu Beginn des Tages auf das anstehende Arbeitspensum, damit man später nicht mehr „daran denken" muß. Denn: *Nach getaner Arbeit ist gut ruhen!*

Der Deutsche kehrt eine Arbeit, die ihn langweilt oder die ihn möglicherweise große Anstrengungen kostet, nicht unter den Teppich. Er erledigt sie sogar vorrangig, um danach nicht mehr damit belastet zu sein. Diese Haltung erklärt, warum die Deutschen meistens ungewöhnlich entspannt bei ihrer Arbeit sind, wo man doch in Anbetracht ihres komplizierten Charakters darauf gefaßt sein könnte, sie eher verkrampft zu erleben. Ihnen bleibt fast immer genügend Zeit. Wo andere durchdrehen, sich aufregen und schreien, bleiben sie ruhig und heiter. Von einer bestimmten Uhrzeit an, sieht man in den deutschen Büros nur noch Leute, die nichts mehr zu tun haben: alles, was man zu erledigen hatte, ist getan. Niemand, weder der Chef noch die Kollegen haben an diesem Müßiggang etwas auszusetzen.

Wenn man *fleißig* und *tüchtig* ist, ist es normal, daß die Leistung in Form von Muße (und auch, wie wir gesehen haben, von Geld) belohnt wird. Das gilt für den Arbeiter in gleicher Weise wie für den Generaldirektor. Die Deutschen schämen sich infolgedessen nicht ihres Urlaubs. Sie sagen nicht, daß sie „ein paar Tage frei nehmen", wenn sie in Wirklichkeit einige Wochen wegfahren. Selbst führende Politiker und Wirtschaftsmanager machen lange und häufig Ferien, ohne auch nur einen einzigen Moment das Gefühl zu haben, ihr Amt zu vernachlässigen.

Die Mußezeit ist für die Deutschen sehr wichtig. Sie lieben die *Freizeit,* in der man wirklich sein eigener Herr ist und die von daher eine besondere Wertschätzung erfährt. Ursprünglich war *Freizeit* für die Protestanten die Zeit, in der man sich durch Gebete, innere Sammlung, fromme Gespräche und Bibellesungen auf die religiösen Feste vorbereitete. Im Unterbewußten der Deutschen hat der Begriff diese geistige Konnotation nie völlig verloren. Das erklärt ihre fast respektvolle Haltung gegenüber den Mußestunden, die hauptsächlich dazu dienen, interessante oder nützliche Dinge zu tun.

Den Gegensatz „Arbeit – Freizeit" gibt es eigentlich bei den Deutschen nicht. Beide ergänzen sich gegenseitig und haben denselben Wert. Man nutzt daher ohne schlechtes Gewissen alle Möglichkeiten, die der Kalender und die Gesetzgebung bieten, um zu möglichst vielen Urlaubstagen zu kommen. Der Deutsche ist ein Freizeitweltmeister (bis zu 147 freie Tage im Jahr) und nutzt alle Tricks aus, auf die ihn die Tageszeitungen regelmäßig hinweisen, um zwischen zwei Feiertagen „eine Brücke" zu bauen und zusätzlichen Urlaub herauszuschlagen. Alles in allem verwendet er ebenso viel *Fleiß* auf die Organisation seiner freien Zeit wie auf seine Arbeit.

Der Fleiß – niedere Ebene

Wenn der *Fleiß* der Deutschen nicht mehr durch die Weigerung, sein Sklave oder Opfer zu sein, gemäßigt wird, verwandelt er sich in eine Art „Arbeitsmythos". Wenn er zum Selbstzweck wird, macht er aus manchen Deutschen Menschen, die hart zu sich selbst und grausam zu anderen sind. Sie können in besonderem Maße unangenehm, bösartig, und erbarmungslos sein und sind ständig damit beschäftigt, ihre Untergebenen zu quälen, ihren Kollegen Unannehmlichkeiten zu bereiten, ihren Vorgesetzten auf die Nerven zu gehen, ihre Familie unglücklich zu machen und ihre Verwandten auf die Palme zu bringen. Den lieben langen Tag kommen sie mit denselben

Anschuldigungen, derselben Ungeduld, denselben Anklagen: Warum ist dies noch nicht getan worden? Warum ist jenes so schlecht ausgeführt worden? Warum ist mittendrin aufgehört worden? Warum kommt man nicht schneller voran? Warum hat man diese Richtung eingeschlagen? Warum hat man nicht jene Lösung gewählt? Das ist nicht mehr einfacher Aktionismus, sondern eine blinde, verantwortungslose und durch nichts gerechtfertigte Flucht nach vorn.

Um den eigenen *Fleiß* zu rechtfertigen und zu entschuldigen, daß sie ihn auch von den anderen verlangen, bringen sie gewöhnlich kein rationales Argument in die Debatte, sondern geben mehr oder weniger moralisierende Erklärungen, um den „menschlichen" und „existentiellen" Wert der Arbeit hervorzuheben. Das sind dieselben Personen, die, manchmal in besonders bösartiger Weise, versuchen, diejenigen mit allen Mitteln ins Unrecht zu setzen, die – aus oft durchaus vertretbaren Gründen – nicht arbeiten oder nicht *fleißig* sind. Der Gipfel der Unverschämtheit wurde erreicht, als die Aufseher im KZ Dachau den Gefangenen eine zynische Lektion in Sachen Arbeit erteilten: „Es gibt einen Weg zur Freiheit. Seine Meilensteine sind: Gehorsam, Fleiß, Ehrlichkeit, Ordnung, Sauberkeit, Nüchternheit, Wahrhaftigkeit, Opfersinn, Liebe zum Vaterland". Und Rudolf Höss, der schreckliche Lagerkommandant von Auschwitz ließ – vielleicht ohne sich der Ungeheuerlichkeit seines Tuns bewußt zu sein – in dem schmiedeeisernen Gitter am Eingang des Lagers die Inschrift *„Arbeit macht frei"* anbringen.

Sechster Teil

Der Weltschmerz

Alle Eigenschaften, die den besonderen Charakter der Deutschen ausmachen – das *Streben,* die *Organisation,* die *Reinheit,* der *Fleiß,* der *Idealismus,* die *Ordnung,* die *Treue,* die *Ernsthaftigkeit* und andere – sind in irgendeiner Weise durchdrungen von einer unbestimmbaren Melancholie. Man kann sich manchmal des Eindrucks nicht erwehren, daß über allen Aktivitäten dieses Volkes eine zentnerschwere Traurigkeit laste und es bis in alle Ewigkeit unfähig bleiben wird, sich einer stillen Heiterkeit zu erfreuen. Im Kontakt mit gewissen Deutschen fühlt man sich oft irgendwie verlegen, wie bei Leuten, die Sorgen bedrücken oder die vom Pech verfolgt werden. Sie sind jedoch nicht mehr und nicht weniger unglücklich als andere und müßten sich sogar, angesichts ihrer aufsehenerregenden Erfolge und ihrer besonderen Fähigkeiten, gelassen und selbstsicher fühlen.

Aber das Gegenteil ist der Fall. Viele von ihnen zeigen sich gequält, verängstigt und auf der Hut, selbst wenn sie keinen Grund dazu haben. Andere werden von einem seltsamen Lebensdrang erfaßt, durch den sie anscheinend irgendein beklemmendes Angstgefühl ersticken wollen. Andere fühlen sich unwohl in ihrer Haut, was sie schroff und manchmal aggressiv werden läßt. Den meisten ist der Zweifel ein treuer Gefährte, der sie von der Wiege bis zur Bahre begleitet.

Das *Streben* und das Übermaß an Energie können nur durch sehr strenge Regeln in Zaum gehalten werden, was die Deutschen nötigt, Triebe und Konflikte ins Innere zu verlagern. Aus diesen fortwährenden Verdrängungen entstehen bedrückende Gemütsverfassungen und Depressionen, die manchmal ein tiefsitzendes Unbehagen bei ihnen hervorrufen. Leider findet der Deutsche kaum Trost bei sich selbst und mißtraut den anderen zu sehr, als daß er es wagen würde, sich in ihrem Schatten zu erholen. Unter diesen Umständen bleibt ihm als einziges Refugium die Welt der Mythen. In allen Deutschen ist eine Sehnsucht nach dem Garten Eden präsent, der sie vor Enttäuschungen und Befürchtungen bewahren soll . . .

Von allen Mitteln, die sie im Kampf gegen den Weltschmerz einsetzen, ist keines so wirkungsvoll wie die *Heimat.* „Die Heimat", schrieb Schiller, „ist also wohl das Teuerste was Menschen besitzen". Und in der Tat bedeutet sie für den Deutschen sehr viel mehr als das Vaterland im engeren Sinne des Wortes. Die *Heimat,* das ist der Ort, an dem man geboren wurde, das elterliche Haus, in dem man aufgewachsen ist, die Landschaft, in der man lebt und vor allem der Ort, an dem man sich zu Hause fühlt. Zu wissen, daß es irgendwo einen Hafen gibt, in dem er Zuflucht finden kann, selbst wenn er vom Sturm zerzaust zurückkehrt, das ist für einen Deutschen außerordentlich wichtig und beruhigend.

Wie Johannes Gross hervorgehoben hat, evoziert *Heimat* das Glück und die Harmonie, die man in der Kindheit und Jugend erfahren zu haben glaubt. Sie ist daher mit vielen sentimentalen Erinnerungen befrachtet. *Heimat* – das riecht nach lauen Sommertagen, an denen man in Feldern und Wiesen herumgetobt ist, und nach den Äpfeln, die man in Nachbars Garten geklaut hat; sie ruft die Wärme ins Gedächtnis zurück, die man an Winterabenden im trauten Familienkreis gespürt hat; sie erinnert an die schönen Märchen, die die Großmutter erzählte; sie bringt die erste Liebe und den ersten Kummer zurück. *Heimat* – das ist alles, was man im Kramladen seiner Erinnerung angesammelt hat, wo es im Laufe der Jahre in immer strahlenderem Licht erscheint: die einfachen häuslichen Tugenden, die harmonische und glückliche Familie, die Zärtlichkeit der Eltern, das Spielzeug, das man von der Nachbarin und die Bonbondose, die man von dem alten Onkel geschenkt bekommen hat, die Zigarette, die man heimlich mit dem Freund geraucht, und der Kuß, den man mit der Kusine getauscht hat – kurzum, dieses ganze sentimentale Gewebe, das die Menschen an eine idealisierte Vergangenheit bindet, in der sie sich geborgen fühlen. *Heimat* – das ist auch die romantische und gekünstelte Bilderwelt, die den Stoff zu Wachträumen liefert: die alten Leutchen, die auf einer Bank vor ihrem Häuschen sitzen, die von moosbedeckten Felsen umgebene Quelle, der Jäger, der in der Lichtung eines Waldes einem Hirsch auflauert, und die Ausflügler, die des Abends in einem Gartenlokal eine Erfrischung zu sich nehmen.

Durch solche Traumbilder entsteht für die Deutschen eine Stätte der Geborgenheit, in der man, wie im Schoße der Familie, den Wechselfällen und Gefahren des Lebens nicht mehr ausgesetzt ist. Das Schlimmste, was einem Deutschen daher passieren kann, ist, seine *Heimat* zu verlieren. Dann hat er den Eindruck, seiner Seele beraubt zu werden. Nietzsche hat dieses grausame Schicksal in seinem Gedicht *Vereinsamt* beschrieben:

Nun stehst du starr,
Schaust rückwärts ach! wie lange schon!
Was bist du Narr
Vor Winters in die Welt – entflohn?

Die Welt – ein Tor
Zu tausend Wüsten stumm und kalt!
Wer das verlor,
Was du verlorst, macht nirgends Halt.

Nun stehst du bleich,
Zur Winterwanderschaft verflucht,
Dem Rauche gleich,
Der stets nach kältern Himmeln sucht.

Die Krähen schrein
Und ziehen schwirren Flugs zur Stadt:
– bald wird es schnein,
Weh dem, der keine Heimat hat!

Ohne *Heimat* ist der Mensch allein und ratlos. Erst wenn er weit von ihr entfernt ist, spürt er, was sie wirklich für ihn bedeutet, erst wenn er sie verloren hat, begreift er, wie kostbar sie ist und wie wichtig die Wurzeln sind, die ihn mit der Scholle seiner Vorfahren und der märchenhaften Welt seiner Erinnerungen verbinden. Einst hatte er nur einen Gedanken, die Heimat zu verlassen, in deren Enge und Perspektivlosigkeit er zu ersticken glaubte, um irgendwo anders seine ehrgeizige Jugend auszutoben. Alles, was in der Ferne lag, erschien ihm besser, größer, bereichernder. Aber kaum hatte er die *Heimat* verlassen, fühlte er sich vom *Heimweh* überwältigt. Diese Sehnsucht nach dem Zuhause, die tief im Herzen brennt, berührt die Deutschen so heftig wie kein anderes Gefühl. Refrains von Volksliedern, in denen der Sternenhimmel über der Heimat besungen wird oder ein Matrose von der Geliebten träumt, die er zurückgelassen hat, können sie zu Tränen rühren oder zumindest melancholisch stimmen . . .

Für den Deutschen ist die *Heimat* eine Art verlorenes Paradies, das wiederzufinden ein schmerzliches, da vergebliches Unterfangen ist. Aber wenn er mit allen Kräften, die ihm zur Verfügung stehen, nach ihm sucht, entdeckt er letzten Endes sich selbst und lernt, sich besser zu ertragen. Die *Heimat* wird so zu einem Mittel, den Weltschmerz, wenn nicht zu überwinden, so doch zumindest erträglich zu machen.

Kapitel XVII

Ungewißheiten

Der Deutsche leidet in ganz besonderem Maße darunter, ein, wie Pascal bezüglich des Menschen im allgemeinen bemerkt, „Pfuhl von Ungewißheiten" zu sein. Der Verzweiflung Fausts – „ich sehe, daß wir nichts wissen können, das will mir schier das Herz verbrennen" – begegnet man wie einem verborgenen Leiden in jeder deutschen Seele wieder. Ohne das *Streben,* das den Deutschen unerbittlich zum Handeln antreibt, wäre er durch sein ständiges Zögern zu einer totalen Bewegungslosigkeit verurteilt. Denn für ihn sind die Dinge nie ganz klar: jedes Wesen, jedes Objekt, jedes Ereignis hat unterschiedliche Facetten, aber wie soll man wissen, welches die gute ist? Soll man sich an der Seite dieser Person engagieren oder nicht? Ist es wirklich nutzbringend, jene Maschine zu kaufen? Soll man bezüglich dieses Problems besser Stellung beziehen oder sich zurückhalten? Sein Leben lang wird der Deutsche mit Fragen dieser Art konfrontiert und jedes Mal muß er lange nachdenken, bevor er sie beantwortet. Nur selten trifft er schnelle Entscheidungen. Er schwankt zwischen dem Für und Wider hin und her und wägt alle Argumente sorgfältig ab, bevor er sich zu einem Entschluß durchringt.

In den Augen der Deutschen ist nicht immer Gold, was glänzt, und die beste Lösung ist nicht notwendigerweise diejenige, die der gesunde Menschenverstand vorschlägt. Da es ihnen im Blut liegt, alles gut machen zu wollen, sind sie gezwungen, alle Gegebenheiten eines Problems aufmerksam und peinlich genau zu analysieren, bevor sie zu einer Entscheidung kommen. Wenn sie einmal getroffen ist und sie sich als schlecht herausstellt, werden sie sich in ihrer Meinung bestärkt fühlen, daß wirklich alles unwägbar ist und daß es in Zukunft darauf ankommt, noch vorsichtiger zu sein.

Aber das führt sie nicht zum Skeptizismus, ganz im Gegenteil. Der Deutsche, der sich getäuscht hat und einen Mißerfolg einstecken mußte, begehrt nach einer kurzen Phase tiefer Niedergeschlagenheit heftig auf. Er empfindet den Wunsch und das Bedürfnis, sich selbst und gleichzeitig den Anderen zu beweisen, daß er besser ist, als seine Schlappe vermuten läßt. Ohne sich zu schonen, arbeitet er nun ununterbrochen, um zu versuchen – vielleicht auf einem anderen, völlig neuen Gebiet – einen überzeugenden Erfolg zu erringen. Er findet keine Ruhe, bis es ihm gelingt, und hat nur Verachtung übrig für denjenigen, der die Niederlage hinnimmt, ohne zu reagieren. Trotz der Qualen, die die *Ungewißheiten* bei den Deutschen hervorrufen, führen sie daher oft, zugegebenermaßen auf verschlungenen und mühevollen Wegen, zum Sieg über sich selbst.

Ungewißheiten – gehobene Ebene

Die führenden Persönlichkeiten in Deutschland haben es mit einer öffentlichen Meinung zu tun, die ständigen Schwankungen unterliegt. Die Meinungsumfragen, die die Zukunftserwartungen der Bevölkerung betreffen – „mit Hoffnung" oder „mit Befürchtungen" – zeigen zum Beispiel, mit welcher Geschwindigkeit das Pendel nach der einen oder nach der anderen Seite ausschlagen kann. Über einen längeren Zeitraum betrachtet, weist die Kurve in der Tat beachtliche Einbrüche auf, wobei die Abweichungen manchmal von einem Jahr zum anderen 30 Punkte ausmachen können. Es braucht nur irgendwo auf der Welt etwas zu geschehen, was mit gewissen Gefahren verbunden ist, und die Zahl der Optimisten schrumpft auf schwindelerregende Weise. Aber im folgenden Jahr und ohne daß die Krise bewältigt worden wäre, kann sie in ebenso spektakulärem Maße wieder ansteigen. Diese schnell aufeinanderfolgenden Wellenbewegungen, erklären sich aus der Tatsache, daß die Deutschen sehr emotional und manchmal sogar hysterisch auf alles, was sie direkt oder indirekt betrifft, reagieren.

Der Deutsche kann sich für eine Sache begeistern, an die er sich einige Zeit später nicht einmal mehr erinnert oder von der er nur noch mit Verachtung sprechen wird. Er kann ebenfalls Augenblicke einer fieberhaften Euphorie durchleben, auf die Phasen abgrundtiefer Apathie folgen. Man läßt ihn eines Tages am Rande einer Depression zurück und trifft ihn am nächsten Tag völlig aufgedreht und mit der Planung kühner Projekte beschäftigt. Es ist dieses Phänomen, das Goethe einst mit dem Vers *Himmelhoch jauchzend, zu Tode betrübt* beschrieben hat.

Die Deutschen sind als Volk und als Individuen zyklothymischer[11] Natur. Man kann nie sicher sein, in welchem Zustand sie sich gerade befinden oder in welcher Weise sie auf bestimmte Ereignisse reagieren. Manchmal reicht eine Lappalie aus, um ihre Stimmung umkippen zu lassen. Man war darauf gefaßt, sie infolge eines Schicksalsschlags in völliger Verzweiflung anzutreffen, doch sie geben sich heiter und fröhlich, weil ein winziges Detail ihnen plötzlich wieder Vertrauen eingeflößt hat. Oder ganz im Gegenteil: obwohl das Glück ihnen winkt und der Erfolg offen vor ihnen liegt, sind sie wegen einer unbedeutenden Nebensächlichkeit völlig am Boden zerstört.

Diese Zyklothymie steht keineswegs im Widerspruch zur Beständigkeit, die die Deutschen in ihren Unternehmungen oder in ihren Gefühlen im allgemeinen auszeichnet. Die eine ergibt sich aus einer psychischen Veranlagung, die andere eher aus den beruflichen und affektiven Beziehungen. Die erste läßt sich auf einen Prozeß der Verinnerlichung zurückführen, die zweite auf die bewußte Entscheidung für eine Hinwendung zu einem extrovertierten Leben. Beide können nebeneinander bestehen, ohne Gefahr zu laufen, sich zu überschneiden. Es ist jedoch wahr, daß sich die Zyklothymie deutlicher im gesell-

[11] Als zyklothymisch bezeichnet die Psychologie Menschen, die von extrovertierter, geselliger, dabei aber Stimmungsschwankungen unterworfener Wesensart sind.

schaftlichen Leben manifestiert – woraus sich im übrigen die Unbeständigkeit der öffentlichen Meinung in Deutschland erklären läßt – und weniger im individuellen Bereich, wo etliche Kontrollmechanismen deren Auswirkungen abfedern.

Normalerweise kommt es den Deutschen nicht in den Sinn, die Verantwortung für ihre „Mißgeschicke" bei sich selbst zu suchen. Sie fühlen sich als Opfer finsterer Mächte oder eines feindseligen Schicksals, das aus geheimnisvollen Gründen beschlossen hat, sie zu strafen. Verzweifelt suchen sie nach den Vergehen, die sie hätten begehen können und die diese Strafe in ihren Augen rechtfertigt. Finden sie welche, so kasteien sie sich ausgiebig. Finden sie keine, so bemitleiden sie sich selbst als „ewig Verkannte" und „arme Schweine", die vom Himmel, der Hölle und der ganzen Welt verfolgt werden. Diese weinerliche Art paßt überhaupt nicht zu ihrem normalerweise so energischen Charakter und findet nur in einem irrationalen Glauben an die Intervention geheimnisvoller Mächte in den Lauf des menschlichen Geschicks eine Erklärung. Der Erfolg und dic glücklichen Ereignisse im allgemeinen sind in ihren Augen ebenfalls mehr auf das Einwirken jener Mächte zurückzuführen, als auf ihr Talent oder ihr persönliches Verdienst. „Ich habe Glück", sagt der Deutsche sehr oft, wenn er erfolgreich ist.

Ungewißheiten – praktische Ebene

Die Deutschen stellen alles und in erster Linie sich selbst in Frage. Da sie ohne Gewißheiten leben, bleibt ihnen nur die Aktivität, um so etwas wie innere Sicherheit zu gewinnen. Diese kompensiert das fehlende Selbstvertrauen und läßt sie alles Unheil, das ihrer Meinung nach auf ihnen lastet, vergessen. Aber wenn die Aktivität aufhört, sie zu stimulieren, wenn sie allein mit sich selbst zurückbleiben, nistet sich der Zweifel drückender als je zuvor wieder ein und bringt ihr Alltagsleben durcheinander.

Der Deutsche legt großen Wert auf das Werturteil anderer. Nicht etwa aus Eitelkeit oder Hoffart, sondern weil er ständig das Bedürfnis hat, bestätigt und damit beruhigt zu werden. Es ist ihm vor allem wichtig zu erfahren, was die Leute über ihn denken, nicht über ihn als soziale Persönlichkeit, sondern als moralisches Wesen. Unglücklicherweise stellt er selbst immer wieder einen Zusammenhang her zwischen der ethischen Ebene, der er sich gern zuordnet, und dem materiellen Leben, in das er so tief verstrickt ist. Er wird dann zum Gefangenen des Bildes, das sich andere von ihm machen. Durch alle seine Handlungen, selbst die harmlosesten, weist er sich selbst in irgendeiner Weise die Rolle des Opfers zu und fühlt sich schließlich auch so.

Da die Deutschen immer vom Zweifel gequält werden, haben sie ein unwiderstehliches Bedürfnis danach, auch die Dinge bestätigt zu bekommen, die sie bereits kennen. Wie jene Leute, die, bevor sie aus der Wohnung gehen, zwanzig Mal nachsehen, ob sie auch wirklich den Gashahn abgestellt haben, richten sie eine Vielzahl von Kontrollmechanismen ein, um ganz und gar (das heißt hundertfünfzigprozentig) sicher sein zu können. Keine Garantie erscheint ihnen jemals total sicher, keine Vorsichtsmaßnahme überflüssig zu sein. Diese unendlichen Überprüfungen, die einem Ausländer auf die Nerven gehen können, erscheinen den Deutschen ganz natürlich und haben den Vorteil, daß sie auf der praktischen Ebene die Zahl der Versehen und Mißverständnisse schon an der Quelle erheblich reduzieren.

Die Deutschen sind keineswegs linkisch, wie man oft behauptet. Sicher, wenn man sie im Ausland oder in einem Umfeld, das ihnen nicht vertraut ist, erlebt, erscheinen sie häufig steif und unbeholfen. Manche sprechen, um ihre mangelnde Selbstsicherheit zu überspielen, sehr laut oder äußern Ansichten, die falsch klingen. Es sind dieselben, die sich in ihrer gewohnten Umgebung und bei Leuten, die sie nicht einschüchtern, ausgesprochen selbstsicher bewegen und in Gespräch und Gestik ungekünstelt und natürlich wirken.

In der Tat wirken die Deutschen oft unbeholfen, wenn sie sich beobachtet und beurteilt fühlen. Ausländern gegenüber entwickeln sie manchmal einen merkwürdigen Minderwertigkeitskomplex: sie fühlen sich keineswegs unterlegen, aber sie sind davon überzeugt, daß die anderen denken, sie seien es. Das beraubt sie um so mehr ihrer Natürlichkeit, als sie ohnehin Schwierigkeiten im Umgang mit anderen haben und sie nur nach einer langen Vertrautheit, die erst entsteht, wenn die anderen hundertmal ihre Treue und ihr Wohlwollen unter Beweis gestellt haben, sich wirklich öffnen. Damit der Deutsche sich selbstsicher fühlt, muß er sich geliebt, bewundert ... oder gefürchtet wissen. Manchmal nämlich kompensiert er seine Unsicherheiten und Komplexe durch eine arrogante und herrische Verhaltensweise.

Ungewißheiten – niedere Ebene

Oft ist der Deutsche hin- und hergerissen zwischen Zweifel und Anmaßung, zwischen Überheblichkeit und Mißtrauen gegenüber sich selbst. Im allgemeinen schafft er es, diese Faktoren in ein ausgewogenes Verhältnis zu bringen, so daß er ein völlig ausgeglichenes und umgängliches Wesen bleibt. Aber wenn die Zweifel sich zerstreuen und die aggressive Selbstgefälligkeit nicht mehr mäßigen, die bei vielen Deutschen latent vorhanden ist, können sie das Gefühl für die Wirklichkeit völlig verlieren. Sie werden dann anmaßend, besserwisserisch und autoritär, wobei sie sich selbst in einem außerordentlich positiven Licht sehen und andere mit Respektlosigkeit und Verachtung behandeln.

Wenn solche Leute auch die Ausnahme bleiben, so sind doch fast alle Deutschen davon überzeugt, daß das Volk, dem sie angehören, eine besondere Rolle zu spielen hat und daß es mit anderen nicht zu vergleichen ist. Es kommt vor, daß sie ihre Vorzüge und Fähigkeiten überschätzen, ja, daß sie sich sogar mit einem Heiligenschein schmücken und der übrigen

Menschheit den „german way of life“ zur Nachahmung empfehlen. Da sie davon überzeugt sind, im Vollbesitz der Wahrheit zu sein, sind sie erstaunt und auch ein wenig verärgert, daß andere Völker Wege einschlagen, die sich von ihrem unterscheiden und nichtsdestoweniger Erfolg haben können.

Sie haben ihre Verhaltensweise, ihre Gewohnheiten und Lebensweise zur Norm erhoben und nehmen Deutschland und die Deutschen in allen Bereichen zum Bezugspunkt. „Schulmeistern“ ist ein hervorstechender Zug der deutschen Mentalität. Es geht darum, den „anderen“ (und besonders den Ausländern) zu zeigen, wie man etwas zu machen hat, wie man vorzugehen hat, um Erfolg zu haben und Fehler zu vermeiden. In dieser „Lektion“ steckt immer auch ein moralisierendes oder sogar strafendes Moment: wenn der andere nicht auf die „Vernunft“ hören will und weiterhin seinen eigenen Kopf durchzusetzen versucht, zwingt man ihn mit Gewalt und manchmal ziemlich brutal, sich zu verhalten, „wie es sich gehört“.

Nach dem berühmten Vers von Emmanuel Geibel – „Und es mag am deutschen Wesen / Einmal noch die Welt genesen“ – sollte die ganze Welt versuchen, von der deutschen Erfahrung zu profitieren, um das Heil zu finden und dem Vorbild Deutschland nacheifern. Diese Nabelschau nimmt manchmal kindische Formen an. Viele Deutsche denken, daß man sich überall ungeheuer, wenn nicht sogar ausschließlich, für sie und ihre Probleme interessiert. Sie können gar nicht verstehen, daß man nicht andauernd die Augen auf die Deutschen gerichtet hat und nicht im geringsten an ihren Seelenzuständen interessiert ist. Sie fallen buchstäblich aus allen Wolken, wenn sie von Zeit zu Zeit feststellen müssen, daß man sie keineswegs als Mittelpunkt der Welt betrachtet und ihre Angelegenheiten nicht als besonders interessant erscheinen. Aber eigentümlicherweise setzt dies ihrem Egozentrismus keineswegs einen Dämpfer auf, er wird dadurch eher noch verstärkt. Mehr denn je sind sie nun davon überzeugt, daß sie letztlich die ewig Verkannten bleiben werden. Mehr denn je neigen sie dann dazu, ihre Zweifel in einem Übermaß an Selbstgefälligkeit zu ersticken. Der deutsche Chauvinismus hat also wenig mit dieser etwas oberflächlichen und naiven Begeisterung der anderen Völker zu tun. Er erscheint vielmehr als ein Mittel, sich selbst aufzuwerten und gegen die eigenen Unsicherheiten anzukämpfen.

Kapitel XVIII

Ängste

Auf dem Boden der Unsicherheit gedeiht die Angst. Je mehr die Deutschen mit Ungewißheiten konfrontiert sind, desto mehr Gründe entdecken sie, sich Sorgen zu machen. Das Angstgefühl breitet sich auf diese Weise immer weiter aus und erzeugt bei manchen einen permanenten Angstzustand. Er wird durch tausend Kleinigkeiten genährt, die nach und nach zu einer ständigen Bedrohung anschwellen, gegen die anzukämpfen unmöglich wird und die im Extremfall zum Wahnsinn führen kann. In seiner Erzählung *Lenz* läßt Georg Büchner den Dichter, bevor er den Verstand verliert, sagen: „Hören Sie denn nicht diese entsetzliche Stimme, die um den ganzen Horizont schreit, und die man gewöhnlich die Stille heißt?" Eine andere Figur Büchners, Woyzeck, wird zum Mord getrieben durch eine unermeßliche Angst, die seinen Willen zerstört, bevor sie seinen Verstand bricht. Ununterbrochen quillt sie hervor, aus den Menschen, denen er begegnet, aus den Gegenständen, die er berührt, aus den Landschaften, die er sieht, ja sogar aus dem Boden, auf dem er steht: „Es geht hinter mir, unter mir (stampft auf den Boden). Hohl, hörst du? Alles hohl da unten!"

Für einen Deutschen drücken die unendliche Stille, die Lenz erstickt, und das Grausen, das Woyzeck empfindet, auf eindrucksvolle Weise die namenlose *Angst* aus, die jedes menschliche Wesen empfindet und die man nie vollständig in den Griff bekommen kann. Sie ist allgegenwärtig, weil alles im Grunde genommen eine Gefahr darstellt und der Mensch nirgendwo wirklich in Sicherheit ist. Der Deutsche fürchtet weniger die physische Gefahr (er ist von Natur aus mutig) und die vielfältigen Wechselfälle des Lebens (im allgemeinen versteht er es, aus ungünstigen Umständen noch Vorteile zu ziehen) als das Unbekannte. Nicht zu wissen, was geschehen wird, sich nicht darüber im klaren sein, mit welchem Problem man sich befassen muß, denjenigen nicht zu kennen, den man als Gegner haben wird, macht ihm sehr viel mehr *Angst* als eine wirkliche Gefahr.

Heidegger hat das Phänomen analysiert und dabei eine subtile Unterscheidung zwischen Furcht und *Angst* gemacht. Die Furcht ist ansatzweise in jeder Bedrohung existent, sie ist sogar deren logische Konsequenz. Je präziser die Bedrohung erkennbar wird und je näher sie rückt, desto größer wird die Furcht. Selbst familiäre Probleme können in bestimmten Augenblicken und unter bestimmten Umständen bedrohlich werden und folglich Furcht hervorrufen. Die *Angst* hingegen ist nach der Terminologie Heideggers ein Phänomen, das sich aus dem „In-der-Welt-Sein" ergibt. Die *Angst* weiß in Wirklichkeit nicht, wovor sie *Angst* hat. Man kann die Faktoren, die sie auslösen, nicht definieren. Sie hat ihren Ursprung in der Welt, in die wir hineingestellt werden. Sie ist ein Teil der Existenz und in diesem Sinne hilft sie uns, die konstitutiven Elemente des „In-der-Welt-Seins" besser zu begreifen.

Ängste – gehobene Ebene

Hat die *Angst* also eine nützliche Funktion? Offensichtlich wird sie nicht von allen Deutschen so wahrgenommen, aber viele sind der Ansicht, daß sie nicht immer einen ausschließlich negativen Aspekt enthält. Die existentielle *Angst* hat mehr als einen inspiriert und große Meisterwerke hervorgebracht. Als Künstler, der in den Abgrund der menschlichen Seele eintaucht und schamerfüllt wieder emporsteigt, als Dichter, der das Geheimnis des Lebens zu entziffern versucht und dessen Blut beim Anblick dessen, was er entdeckt, in den Adern erstarrt, als Musiker, der die himmlischen Sphären durchfliegt und von dort mit unsäglichem Schmerz zurückkehrt, als Denker, der verzweifelt die Wahrheit sucht und nur eine schwindelerregende Leere antrifft, kämpft der schöpferische Deutsche, oft bis zum Wahnsinn oder bis in den Tod, gegen das Grauen an, das ihn niederschmettert, seine Kunst jedoch befruchtet und seine Sinne verfeinert. *Das Schaudern ist der Menschheit bestes Teil,* schrieb Goethe.

Das Erhabene und das Übernatürliche, beides seelenaufwühlend, passen gewöhnlich bei den Deutschen gut zusammen. Wenn sie „in Wallung geraten", dann gleichermaßen aus Erregung und aus Angst. Aus diesem Grund lockt das Unbekannte sie ebenso an, wie es sie beunruhigt und erhebt sie ebenso, wie es sie aufwühlt. Auch das *Sinnen* und die *Grübelei,* an denen die Deutschen so sehr Gefallen finden, gebären Unruhe, führen sie durch ein Labyrinth von Fragen bis hin zu der Konfrontation mit den düsteren und bedrohlichen Seiten des Seins. Wenn alles möglich ist, selbst die verrücktesten Denkspiele und die niederträchtigsten Handlungen, ist es sinnlos geworden, das Unerklärliche analysieren zu wollen. Es bleibt nur eine grenzenlose Betroffenheit, „ein negatives Staunen", wie Ernst Bloch sagt, der zu Recht in Dürers „Melencolia" die beste Konfrontation mit dem Nichts sieht, aus der jene absolute Angst hervorgeht, die das Herz in Verzweiflung erstarren läßt.

Der 1514 entstandene Kupferstich „Melencolia" gehört zu den geheimnisvollsten und verwirrendsten Werken, die es in der bildenden Kunst gibt. Eine Frau sitzt inmitten einer merkwürdigen Unordnung, in der keiner der herumliegenden Gegenstände in irgendeiner Beziehung zu den anderen zu stehen scheint. Ihr Kopf liegt schwer auf ihre Hand gestützt, der Blick ist auf irgend etwas in der Ferne gerichtet. Die Szene spielt sich im Freien ab, oben auf einem Gebäude (Monument? Plattform eines Schlosses? Flachdach eines öffentlichen Bauwerks oder der Behausung reicher Leute?), das unvollendet zu sein scheint und es offensichtlich bleiben soll. Haben das Werkzeug und die Geräte, die überall herumliegen, zur Konstruktion des Gebäudes gedient oder sind sie verwandt worden, um jenen unregelmäßig behauenen Steinblock anzufertigen, der die Mitte des Stiches einnimmt und von dem mindestens vier Seiten unsichtbar bleiben? Warum ist die Arbeit unterbrochen worden? Diese beunruhigte und beunruhigende Frau ist sicherlich für die Unordnung, die auf dieser verlassenen Baustelle herrscht, verantwortlich, da sie noch einen Zirkel in der rechten Hand hält. Aber warum ist ihre Stirn dann mit einem Lorbeerkranz geschmückt? Seit wann wird jemand für ein so völlig unvollendetes Werk belohnt? Ist diese Frau ein engelhaftes oder ein teuflisches Wesen? Große Flügel schmükken ihren Rücken, aber unter ihrem Rocksaum, an dem ein zu ihren Füßen zusammengekauerter Hund genüßlich schnuppert, lugt die Spitze einer Zange hervor ... An ihrem Gürtel ist ein Schlüsselbund befestigt, was darauf hindeutet, daß sie irgendwelche Macht ausübt – aber über wen, über was? Im übrigen gibt es weder eine Tür, noch eine Truhe, noch ein Schloß oder sonst etwas, das diese Schlüssel öffnen könnten ... An der Wand oberhalb ihres Kopfes hängt wie ein Damoklesschwert eine Sanduhr, deren oberes Glas bereits zur Hälfte leer ist ... oder noch zur Hälfte voll? Auf der einen Seite der Sanduhr ist eine Waage angebracht, deren beide Waagschalen sich in vollkommenem Gleichgewicht befinden, auf der anderen Seite eine kleine Glocke, an der eine Schnur befestigt ist, die von jemandem gehalten wird, der sich außerhalb der Bildfläche befindet. Alles erscheint in seltsamer Weise erstarrt, gleichzeitig aber hat man den Eindruck, daß die Sanduhr sich in jedem Augenblick endgültig leeren, sich die Waage zur falschen Seite neigen oder das Glöckchen das Totengeläut anstimmen könnte. In der entgegengesetzten Ecke befindet sich als Gegenpol zu diesen drei Gegenständen eine ziemlich große und vollkommen glatte Kugel, deren Funktion geheimnisvoll bleibt. Ist sie aus Kristall, Holz oder Stein? Was macht sie an diesem Ort inmitten jener bunt zusammengewürfelten Instrumente? Ist sie massiv oder hohl, und was enthält sie, wenn letzteres der Fall ist? Der einzige andere runde Gegenstand ist ein großes, massives Rad, zweifellos aus Stein, das gegen eine Mauer lehnt. Das Rad der Fortuna? Aber mit welcher Geringschätzung verratender Nachlässigkeit ist es dort aufgestellt worden, als ob es zu sperrig wäre und an anderer Stelle störte! Und mit welcher Unverfrorenheit hat sich ein kleiner Engel auf ihm niedergelassen! Er hat offensichtlich keine Angst, daß es sich bewegt. In bequemer Stellung, direkt unter der Waage, schreibt oder zeichnet er. Ist das ein Kind, das spielt – vielleicht der Sohn der Engel-Frau – oder ein stummer Zeuge, der diese Szene für die Ewigkeit festhält? Aber sind seine Augen nicht merkwürdig geschlossen, wie die der Blinden ..? Die Frau mit den Flügeln dreht der Lichtquelle (der Sonne?), die das Arrangement ziemlich schwach erhellt, den Rücken zu. Ihr ausdrucksloses Gesicht liegt vollständig im Dunkeln. Das Weiß ihrer Augen hingegen gibt dem Blick eine unmenschliche Starrheit, eine Mischung aus Härte und Entsetzen. Was sie betrachtet, liegt dem friedlichen Glück gegenüber, das der Künstler im linken oberen Teil des Kupferstichs dargestellt hat und das kaum ein Fünftel der Bildfläche einnimmt. Eine Leiter, von der man nur den Teil sieht, der der Ebene, auf der sich die Szene abspielt, entspricht und die daher sowohl Aufstieg als Abstieg ermöglicht (zum Himmel und in die Hölle?), grenzt die beiden Welten sehr deutlich voneinander ab: hier die Unordnung, die Bewegungslosigkeit, die Unschlüssigkeit, die Angst; dort die Ordnung, die Ruhe, die Gewißheiten. Es handelt sich um eine idyllische, kaum skizzierte Landschaft, deren innerer Friede jedoch einen ergreifenden Kontrast zu dem Chaos bildet, das den übrigen Bildaufbau beherrscht. Eine Traumlandschaft, wie sie zweifellos in der Realität nicht vorkommt: eine absolut glatte Meeresoberfläche, eine kleine Stadt auf einer Landzunge, Schiffe, die in unmittelbarer Nähe des bewohnten Gebietes vor Anker gehen, Hügel, die sanft zum Meer hin abfallen, ein Regenbogen, der die Landschaft umschließt, als ob er sie vor jedem Schaden bewahren wollte. Aber am strahlenden Himmel ist auch ein Komet dargestellt, der wer weiß welch kriegerisches Ereignis meldet. Selbst das ferne Glück, das der Person im Vordergrund so entschieden verwehrt bleibt, ist also keineswegs dauerhaft abgesichert . . . Diese Person scheint ihr Scheitern endgültig akzeptiert zu haben. Sie hat begriffen, daß die Wahrheit, ebenso wie das Glück, unerreichbar ist und daß die wesentlichen Fragen immer ohne Antwort bleiben werden. Sie hat sich vergeblich abgemüht, studiert, gebaut, früher oder später ist ihr klar geworden, daß der Mensch die letzten Geheimnisse niemals entschlüsseln wird und daß weder die Wissenschaften noch die Technik, noch die Philosophie, noch die Magie ihm jemals ermöglichen werden zu *wissen.* Ihre Ohnmacht stellt sie vor eine Leere, die ihr Verzweiflung und *Angst* einflößt. Diese Leere ist es, die *Melencolia* mit solcher Schwermut fixiert, im Bewußtsein der Gefahr, von einem Moment zum anderen in ihr zu versinken.

Ängste – praktische Ebene

Da in ihren Augen alles zu einer möglichen Gefahr werden kann, legen die Deutschen eine große Vorsicht an den Tag. In ihrem praktischen Leben sind sie pausenlos damit beschäftigt, Vorsichtsmaßnahmen zu ergreifen und Garantien zu fordern. Diese Seite verstärkt sich noch in den depressiven Phasen ihrer zyklothymischen Entwicklung. Die *Angst* kann dann überhand nehmen und schließlich ihr ganzes Wesen durchdringen. Manche versuchen nicht einmal mehr, sie zu beherrschen, und betrachten sie als ein beständiges Element ihres Daseins. So gab es nach der Euphorie der fünfziger und sechziger Jahre eine Zeit, in der die Deutschen *Angst* vor allem Möglichen hatten: vor der Kernkraft, den Ölscheichs, der Arbeitslosigkeit, den Japanern, den Raketen, vor der Umweltverschmutzung, dem Polizeistaat, der Zukunft ... Das war die Epoche, in der Millionen von Deutschen einfach sagten „Ich habe Angst“, ohne auch nur zu versuchen, Beschaffenheit und Ursache dieser *Angst* zu präzisieren. Jedesmal, wenn eine Bedrohung überwunden war, tauchte eine andere auf und nistete sich in ihrem Geist ein.

Wie ein Psychologe festgestellt hat, bringen die Deutschen

ihre individuellen *Ängste* in die kollektive *Angst* ein, die gerade en vogue ist, und nehmen ihnen damit einen Teil ihrer Brisanz. Sie werden dadurch für das Individuum erträglicher, erhöhen aber das Energiepotential und die dramatische Intensität der kollektiven *Angst.* Diese erreicht so sehr schnell ihren Höhepunkt und geht dann, nachdem sie mehr oder weniger starken Schaden angerichtet hat, ziemlich abrupt zu Ende. Dies erklärt jene rasche Folge von heftigen „nationalen Ängsten", die manchmal das Land erfassen. Sie sind sozusagen Sicherheitsventile, die es den Individuen ermöglichen, ein nahezu normales psychisches Leben zu führen.

Was macht ein Volk, das ständig große oder kleine Ängste aussteht und für das die Risiken einer Handlung immer deutlicher hervortreten, als der Nutzen, den man aus ihr ziehen kann? Es sichert sich gegen alles ab, im wörtlichen wie im übertragenen Sinn. Der deutsche Autofahrer zum Beispiel, der, wie wir gesehen haben, keine Hemmungen hat, sehr schnell zu fahren und damit ein hohes Risiko auf sich nimmt, scheint zugleich merkwürdig überängstlich zu sein. Er führt in seinem Kofferraum alles mit sich, was er brauchen *könnte.* Reservekanister und eine ausgeklügelte Werkzeugtasche für den Fall, daß man eine Panne hat, Warndreieck und gelbes Blinklicht, falls der Wagen plötzlich nicht mehr fährt, Erste-Hilfe-Kasten für den Fall, daß man einen Unfall hat, Thermosflasche mit Kaffee und Decke, falls man in der Nacht in einen Verkehrsstau gerät, Kekse, falls man von einem Heißhunger überfallen wird. Um seine Präsenz zu signalisieren, schaltet er selbst am hellichten Tag sein Abblendlicht ein, sobald auch nur ein paar Regentropfen fallen. Manchmal bringt er oben an der Heckscheibe ein zweites Paar Bremslichter an.

Der Natur des Deutschen liegt es eigentlich fern zu spielen oder zu wetten. Wenn er sich auf ein gewagtes Unternehmen einläßt, dann nur, wenn er alle Trümpfe in der Hand hat und nahezu sicher sein kann zu gewinnen. Er mag Unwägbarkeiten nicht und versucht, sich auf jede Eventualität einzustellen. Dem Bedürfnis, unangenehme „Überraschungen" zu vermeiden, opfert er mehr Zeit, als er benötigen würde, um den Schaden, den sie anrichten würden, zu beheben. Lange im voraus bereitet er Reaktionen auf mögliche und denkbare Situationen vor. Wenn er zum Beispiel meint, daß der Abbruch einer bestimmten Geschäftsverbindung im Anzug ist, so versucht er, der Entwicklung zuvorzukommen und trifft neue Dispositionen, die in der Schreibtischschublade bereit liegen. Soll Material und technisches Gerät in ein fernes Land versandt werden, so bereitet er vor Ort ihren Empfang vor. Es ist immer schlecht für das Image eines Produktes, nicht lieferbar zu sein. Damit dieser Fall nicht eintritt, beeilt er sich, den Lagerbestand zu erhöhen. So wird die *Angst* der Deutschen ein wichtiges Moment für den kommerziellen und industriellen Erfolg.

Im täglichen Leben wird deutlich, welch unaufhörlichen Kampf die Deutschen unbewußt führen, um ihre latenten *Ängste* abzubauen. Materiell wie psychisch haben sie das Bedürfnis, in einem sicheren Rahmen zu leben. Da sie sich als einzelne bedroht fühlen, schließen sie sich zusammen, um durch den berühmten „Schulterschluß" ein gemeinsames Bollwerk gegen mögliche Gefahren zu errichten. Der Deutsche ist kein Einzelgänger, nicht einmal ein Individualist. Er braucht die Gruppe, um sich in Sicherheit zu fühlen, und die menschliche Wärme, um seine Gefühle wirklich zeigen zu können. Die große nationale Gemeinschaft spielt in dieser Hinsicht eine sehr viel unbedeutendere Rolle als die kleinen Gruppierungen, die auf der Basis von gemeinsamen Interessen oder Hobbies entstehen.

Die Gesellschaft, in der man sich dort befindet, wird zu einem Refugium – wie es auf andere Weise die Familie oder eine Ordensgemeinschaft sein können[12] – mit ihren Regeln, regelmäßigen Treffen, Riten und Jargons. Der Deutsche findet dort Schutz, Verständnis, moralische Unterstützung und vor allem

[12] Es ist symptomatisch, daß sich die Leute, die sich zum Kegeln treffen – *Kegelbrüder* nennen.

die Möglichkeit, sein Herz auszuschütten. Er entwickelt dort die berühmte *Gemütlichkeit,* die den Deutschen so viel bedeutet und die aus geselligem Beisammensein, guter Laune und Toleranz besteht. Man ist unter sich und man kann sich gehen lassen. Es besteht keine Notwendigkeit mehr, die Formen zu wahren oder acht zu geben, daß man das Gesicht nicht verliert. Es ist erlaubt aufzuschneiden, Unsinn zu erzählen oder sich zu betrinken. Jeder kennt die Schwächen der anderen. Er akzeptiert sie, so wie sie sind, ohne sie zu verurteilen, weil er weiß, daß er selbst ihr Urteil nicht zu fürchten braucht. In der Intimität und Herzlichkeit dieser Zusammenkünfte entstehen Verbindungen und Freundschaften, die das ganze Leben andauern.

Die Zugehörigkeit zu diesen unzähligen Zirkeln gibt dem Leben der Deutschen ein typisches Gepräge, das man nirgendwo sonst wiederfindet. Nach außen wirken diese Begegnungen wie einfache Vorwände zum Schwatzen und Trinken, doch in Wirklichkeit bilden sie eine der Säulen der Gesellschaft und geben der deutschen Seele Halt und Unterstützung. Im *Kegelklub,* bei der *Skatrunde* und am *Stammtisch* gibt es keine sozialen Unterschiede. Der Minister trifft dort auf den kleinen Angestellten, der hohe Funktionär auf den Arbeiter, der Industrielle auf den Ruheständler, der Notar auf den Handwerker, der Star auf Herrn XY. Das Fehlen von Klassenbewußtsein erscheint noch deutlicher im *Gesangverein.* Einmal in der Woche kommt eine Gruppe von etwa zwanzig Personen, die weniger ehrgeizig und weniger durchstrukturiert ist als ein Chor, aus simplem Spaß am Singen, Trinken und gemeinsamen Diskutieren zusammen. Sie tritt nur selten in der Öffentlichkeit auf und findet ihre Daseinsberechtigung in sich selbst.

Seit Luther ist der Gesang für die Deutschen ein Trost und ein Mittel, sich gegen die Wechselfälle der Existenz zu schützen, und sei es auch nur vorübergehend. Wenn man singt, vergißt man die Gefahr und faßt wieder Mut. Für Millionen von Deutschen, die in einem *Gesangverein* sind, begleitet das Singen ihr Leben von der Wiege bis zur Bahre, über die Eheschließung und die Geburtstage, nicht zu vergessen die offiziellen Festlichkeiten. Was der *Gesangverein* einstudiert, sind nicht etwa simple Trinklieder, sondern das klassische *Lied*repertoire, die Volksmusik und die Folklore. Selbst in den verräucherten und bierdunstgeschwängerten Hinterzimmern der Kneipen ergreift eine wirkliche und intensive Rührung die Herzen der Sänger. Der Gesang ist für sie die beste Möglichkeit, ihren tiefen Empfindungen Ausdruck zu verleihen, aber auch, wie der Dichter Jean Paul geschrieben hat, das Böse fernzuhalten: *Wo man singt, da laß dich ruhig nieder. Böse Menschen haben keine Lieder.*

Gezwungen, ihre *Ängste* auf die eine oder andere Weise zu beherrschen, haben die Deutschen ein idealistisches Wirklichkeitsverständnis entwickelt, das alles, was sie nicht haben und nicht sind, aber was sie so gerne haben und sein möchten, verklärt. Man begegnet zum Beispiel kaum jemandem, der nicht die Sehnsucht nach einem einfachen und friedlichen Leben verspürt, in dem es weder Sorgen noch Mühsal, noch Befürchtungen gibt. Dieser Traum findet symbolisch Ausdruck in der Art und Weise, wie manche kleine, unbedeutende Gegenstände ohne künstlerische Qualität oder Verkaufswert in Ehren halten. Ihrer Bescheidenheit zum Trotz nehmen sie in manchen Haushalten einen Ehrenplatz ein, was die emotionale Bedeutung, die sie für ihre Besitzer haben, unterstreicht. Dieses süßliche und abgeschmackte Dekorum, das aus Nippsachen, Häkeldeckchen, gestickten Sprüchen und Gartenzwergen besteht, hat etwas Rührendes und läßt bei denen, die in diesem Ambiente leben, eine große Zerbrechlichkeit und ein Bedürfnis nach Schutz vor der als feindselig empfundenen Welt erkennen. Die häufige Verwendung diminutiver Formen in der deutschen Sprache – durch die man die möglichen Gefahren verbal bagatellisieren kann, indem man unbewußt versucht, der Schicksalsgöttin mit unaggressiven sprachlichen Formen zu schmeicheln – entspricht demselben Gemütszustand. Die Proportionen dessen, was sich zu einer Bedrohung auswachsen könnte, zu reduzieren, ist ein bequemes Mittel, der *Angst* zu entrinnen und diese *heile Welt* vorzutäuschen, auf die die Deutschen so großen Wert legen.

Weihnachten ist zweifellos das beste Beispiel für diese Suche nach einem schützenden Umfeld. Für die Deutschen ist Weihnachten mehr als ein kirchliches Fest. Es ist eine Zeit, während der der Lauf der Dinge stillsteht und Gefahren und Ängste sich in Nichts auflösen. Man träumt von einer „deutschen Weihnacht", das heißt einem Weihnachtsfest mit viel Schnee, Kälte und gedämpften Geräuschen, wo die Menschen sich zur Christmette im alten Kirchlein versammeln, wo am Heiligabend Familie und Freunde sich im trauten Heim um den im Kerzenlicht strahlenden Tannenbaum scharen. Die psychologische Vorbereitung, mit Hilfe derer man die weihnachtliche Stimmung aufkommen lassen will, das heißt mit der man diesen Klischees einen Anschein von Wirklichkeit zu geben versucht, beginnt lange vor dem eigentlichen Fest, bei den Gläubigen ebenso wie bei den Atheisten, bei den Intellektuellen genauso wie bei den einfachen Leuten. In den Wohnungen werden Engelsfiguren, Kerzen und Krippen aufgestellt, der Adventskranz kündet das bevorstehende Fest an und alles wird mit Tannenzweigen weihnachtlich geschmückt. Die typische Weihnachtsstimmung entsteht für die Deutschen folglich eher durch diese Gegenstände und mannigfache Rituale, die peinlich genau eingehalten werden, als durch eine rationale Erfassung des Phänomens „Weihnachten". Man ersetzt auf diese Weise die Idee durch eine Reihe von Bildern (den Schnee, den Tannenbaum, den Adventskranz usw.), die sich in der Mentalität der Deutschen atavistisch fortpflanzen und die man wie Gemälde betrachtet, deren emotionaler Gehalt ausreicht, um eine Atmosphäre von ungetrübter Fröhlichkeit zu erzeugen.

Zu Beginn des 16. Jahrhunderts, in einer ungeheuer bewegten und unsicheren Epoche also, ist Hans Baldung Grien eine vorzügliche Darstellung dieser Vorstellung von Frieden und Innerlichkeit gelungen: die „Geburt Christi", die er für das Hochaltarbild des Münsters in Freiburg in Szene setzte. Sie strahlt jene Mischung aus Sanftmut, Bescheidenheit, Geistigkeit und idyllischen Elementen aus, die die Deutschen zutiefst bewegt und die dazu beigetragen hat, das Weihnachtsfest zu jener Zuflucht zu machen, die den Deutschen am meisten Schutz vor ihren *Ängsten* bietet.

Ängste – niedere Ebene

Ab einem gewissen Punkt findet die *Angst* bei manchen Deutschen sozusagen Gefallen an sich selbst. Die Aussicht auf das Unglück, das über sie hereinzubrechen droht, lähmt sie nicht etwa, sondern gibt ihnen eher ein Gefühl des Stolzes, so als ob sie vom Schicksal auserwählt seien. Im allgemeinen mögen die Deutschen die Anonymität nicht. Sie ziehen es häufig vor, negativ aufzufallen als gar nicht, zu leiden, als gar nichts zu empfinden, sich Sorgen zu machen, als innerlich zu verkümmern. Manchmal ruft die Erwartung einer Kalamität bei ihnen eine fast krankhafte Freude hervor, die schon an Perversität grenzt, wie bei dem Dichter Lenau, der erzählt, daß ihm, als er klein war, das Unglück eine „gewisse Freude" bereitete:

> „Es brach einmal Feuer in unserer Nachbarschaft aus, als ich eben in der Schule war. Ich hörte, es brenne in unserer Gasse. Mit klopfendem Herzen lief ich nach Haus – es war ein gewisses Freudeklopfen – und ordentlich zornig war ich, als ich sah, daß nicht das Haus meiner Eltern in Flammen stand. Diese Freude am Unglück hab ich noch jetzt."

Auch wenn die Katastrophilie nur selten so offen zutage tritt, ist sie in der Mentalität der Deutschen doch tief verankert. In einer Endzeitstimmung zu leben, übt auf viele Deutsche eine große Faszination aus. Der Verfall einer Zivilisation, der Untergang eines Weltreichs oder die Vernichtung eines Volkes werden, vor allem wenn sie mit Getöse und Leidenschaft, mit Mord und Totschlag einhergehen, empfunden wie ein grandioses Spektakel, das die Sinne reizt, und, wenn man selbst mit in den Untergang miteinbezogen ist, eine Möglichkeit bietet, seinem eigenen Geschick größeren Glanz zu verleihen.

Zerstörungswut und Tod, die als ästhetische Ausdrucksmöglichkeit einer frei gewählten und in allen Dimensionen akzeptierten Apokalypse angesehen wurden, haben der Nazimythologie den Boden bereitet. Bei einem weniger vom „Nichts" faszinierten Volk hätte sich diese sicherlich nicht so leicht entwickeln können. Wenn einmal diese Stufe erreicht ist, wird die Apokalypse im übrigen nicht mehr wie eine Katastrophe oder ein Unglück betrachtet, sondern wie eine Wende: die Krise erlaubt es, eine Epoche abzuschließen und einen völlig neuen Weg einzuschlagen. Aber dieser führt notwendigerweise in dieselbe Sackgasse, und so geht es weiter bis zu dem Tag, an dem die Geschichte selbst zum Stillstand kommt. Der Lebensverdruß der Deutschen würde dann seine wahrhafte Daseinsberechtigung finden. Goethe hat Mephisto die beste Beschreibung dieses Pessimismus in den Mund gelegt:

> „Ich bin der Geist, der stets verneint! Und das mit Recht;
> denn alles, was entsteht, Ist wert, daß es zu Grunde geht;
> Drum besser wär's, daß nichts entstünde . . ."

Kapitel XIX

Irdisches, Allzuirdisches

Die Deutschen haben sehr viel Verständnis für alles, was „menschlich, allzumenschlich“[13] ist. Sie haben ein geschärftes Bewußtsein für die dunkle Seite der menschlichen Seele und empfinden diese zugleich als abstoßend und faszinierend, so als ob sie in einem Spiegel ein verzerrtes Bild ihrer selbst erkennen würden. Aber sie sind sich auch darüber im klaren, daß sie allen Ungewißheiten und Ängsten zum Trotz vorankommen müssen. Sie wissen, daß man die Auswirkungen des Weltschmerzes zumindest teilweise abschwächen kann, wenn man die Freuden des Lebens ausgiebig genießt. Das *Irdische, Allzuirdische* hilft den Deutschen somit, den Spleen zu bekämpfen, der ihren Geist verdüstert. Es handelt sich um einen anspruchsvollen und häufig aggressiven Hedonismus, der den Keim zu seiner eigenen Zerstörung in sich trägt. Denn dadurch, daß sie *allen* ihren Leidenschaften frönen und *allen* ihren Begehrlichkeiten nachgeben wollen, setzen sich die Deutschen der Gefahr aus, *niemals* vollständig zufrieden sein zu können.

Irdisches, Allzuirdisches – gehobene Ebene

Der Deutsche hat keine rechte Begabung für das Glücklichsein. Er liebt das Vergnügen, aber er fühlt sich nicht wohl in seiner Haut, wenn das Glück an seine Tür klopft. Es bedarf in der Tat einer großen inneren Ausgeglichenheit, um sich den kleinen Freuden des Alltags von ganzem Herzen hingeben zu können, und eines schlichten Gemüts, um durch diese Freuden zur Glückseligkeit gelangen zu können. Dem Deutschen je-

[13] *Menschliches, Allzumenschliches* – Titel eines Buches von Nietzsche.

doch gehen beide Charaktereigenschaften ab. Die innere Anspannung, die sein ganzes Leben beherrscht, verbietet es ihm, wirklich glücklich zu sein. Selbst in dem Augenblick, in dem er ein lange verfolgtes Ziel erreicht, empfindet er das, was Ernst Bloch *die Melancholie der Erfüllung* nennt.

Sieht er Gründe, sich glücklich zu fühlen, so erfindet er schnell andere, überzeugendere, es nicht zu bleiben. Erfährt er einen Glücksmoment, so beeilt er sich, ihn zu zerstören. Um sich den Spaß zu verderben, findet er immer eine Bedrohung, die am Horizont auftaucht, ein Unglück, das über ihn hereinzubrechen droht, einen Wurm, der heimtückischerweise die Frucht, in die er gerade beißt, vernichtet. Wenn die Katastrophe nicht unmittelbar über seinem Haupte schwebt, versucht er, sie durch Ungeschicklichkeiten und Irrtümer herbeizulocken. Wenn er um das Glück einen so großen Bogen zu machen versucht, so liegt das daran, daß seine natürliche Ängstlichkeit ihn fürchten läßt, daß sich hinter jedem Glück in Wirklichkeit ein großes Unglück verbirgt. Es erscheint ihm wie eine Herausforderung an das Schicksal, das sich möglicherweise schnell und grausam rächen wird.

Aber auch das *Streben* macht aus dem Deutschen einen ewig Unzufriedenen. Wenn er irgendetwas erreicht hat, will er mehr. Hat er auf irgendeinem Gebiet Erfolg, möchte er diesen auf ein anderes Gebiet ausdehnen. Was er hat, befriedigt ihn nicht, was er haben möchte, bekommt er nicht. Es ist ein Teufelskreis, in dem er gefangen ist, immer auf der Lauer nach einem Glück, das sich ihm hartnäckig verweigert. Wenn er es in der Ferne, in anderen Ländern sucht, kehrt er unverrichteter Dinge wieder zurück. Wenn er es in der *Heimat* ausfindig zu machen versucht, in dieser grandiosen Enge des Alltäglichen, wird er gleichermaßen enttäuscht. Schließlich probiert er, ob er es in sich selbst zu finden vermag, aber er merkt bald, daß dies von allen Unterfangen das schwierigste ist.

Irdisches, Allzuirdisches – praktische Ebene

Wenn der Deutsche auch kein Talent zum Glücklichsein hat, so versteht er es doch ausgezeichnet, Feste zu feiern. Seine solide Gesundheit, seine Widerstandskraft und Regenerationsfähigkeit erlauben ihm beinahe jede Ausschweifung. Er macht davon reichlich Gebrauch. Er ist jedoch kein Lebemann im klassischen Sinn des Wortes. Das deutsche „Fest“ kann von einer beispielhaften Kargheit sein und sich einzig und allein aufgrund der warmherzigen Geselligkeit lohnen. Hauptsache, man „fühlt sich wohl“ und stimmt mit den anderen überein. Man empfindet es als Fest, wenn drei oder vier Kumpel einen Abend gemeinsam verbringen oder ein Dutzend Freunde sich zu einem ungezwungenen Abendessen zusammenfinden oder die Anwohner einer Straße an lauen Sommerabenden aus dem Stegreif eine Grillpartie in einem Garten organisieren oder auch, wenn sich in der Karnevalszeit über zweitausend Menschen in einem Saal zusammenpferchen. Die Deutschen entwickeln einen großen Einfallsreichtum, wenn es darum geht, Vorwände zum Feiern ausfindig zu machen . . .

Die Redewendung: *Man muß die Feste feiern, wie sie fallen!* bringt das Bedürfnis der Deutschen zum Ausdruck, sich gegen den Lebensverdruß zu schützen, und sei es auch nur provisorisch. Alle Gelegenheiten kommen ihnen zupaß, die banalsten (der gerade gefaßte Beschluß, sich zu duzen, die Anspielung an eine gemeinsame Erinnerung) wie die feierlichsten (Weihnachten, Ostern). Ihre offiziellen Feste sind selten fröhlich, weil sie der Besinnlichkeit (Volkstrauertag) oder der Reue (Buß- und Bettag) gewidmet sind. Also müssen die Deutschen mit Ereignissen vorliebnehmen, die aus dem Alltag stammen.

Der *Geburtstag* ist das Fest schlechthin, das die liebenswerte Naivität und übergroße Sentimentalität der Deutschen zum Ausdruck bringt. Ob es sich um ein Kind oder einen Erwachsenen, um ein Mädchen in der Blüte seiner Jugend oder um einen altersschwachen Greis handelt, das *Geburtstagskind* ist immer König des Tages. Ihm ist alles erlaubt, und selbst die albernsten Verhaltensweisen werden mit Nachsicht aufgenommen. Stillschweigend gesteht man ihm das Recht zu, an diesem Tage nicht zu arbeiten, und kein Vorgesetzter macht ihm Vorhaltungen, wenn er seine Kollegen dazu einlädt, mit ihm zu feiern. Oft findet das Fest bei ihm zuhause mit der Familie und den Freunden statt. Wenn es sich um einen Politiker, den Chef eines Unternehmens oder ganz allgemein, eine Person handelt, die im Mittelpunkt des öffentlichen Interesses steht, gibt es das, was man eine *Gratulationscour* nennt, eine endlos lange Schlange von Leuten, die herbeigeeilt sind, um dem *Geburtstagskind* zu gratulieren (vor allem anläßlich der runden Geburtstage: 50, 60, 75 Jahre). Zu diesem Ereignis gehört ein umfangreiches Zeremoniell: unter anderem die Geschenke, die sich auf einem Tisch anhäufen, die Reden, die gehalten werden, um die Verdienste des *Geburtstagskindes* hervorzuheben, dessen Gegenrede, das Überbringen von Geburtstagsgrüßen, Artikel und Photos in der Presse. Am Abend empfängt das *Geburtstagskind* natürlich noch seine engeren Freunde für ein zweites, fröhlicheres Fest.

Eine andere Form des Festes ist der *Betriebsausflug* oder die jährliche Reise, die der *Kegelclub* mit den Einsätzen der in den vorhergehenden zwölf Monaten gespielten Partien, die sorgfältig in einer Spardose aufgehoben wurden, organisiert. Mit fortschreitendem Tage und steigendem Alkoholpegel verschwinden nach und nach die Hemmungen, und die Förmlichkeiten verlieren immer mehr an Bedeutung: man fühlt sich endlich frei und, warum nicht, glücklich.

Das Jahr der Deutschen ist buchstäblich gespickt mit solchen Ereignissen. Sie leben immer in der Erwartung des nächsten „Festes", dem sie übrigens schon im voraus einen großen sentimentalen Wert beimessen. Ohne diese Feste, die großen und die kleinen, an die man denkt, von denen man spricht und auf die man sich lange Zeit vorher vorbereitet, wären sie wohl kaum in der Lage, so intensiv zu arbeiten. Ohne die Aussicht auf ein Fest würde der Deutsche in einer tiefen Melancholie versinken.

Ein Fest läßt die Deutschen ihre Ängste vergessen und bewirkt, daß sie für konkrete Aufgaben zur Verfügung stehen. Im übrigen versuchen sie niemals, die beiden Bereiche zu vermischen: auf der einen Seite steht die Arbeit, auf der anderen das Vergnügen. Die Arbeit leidet nicht unter dem Fest, und die Aussicht, die Arbeit wiederaufnehmen zu müssen, wirft keinen Schatten auf das Fest. *Tages Arbeit, abends Gäste. Saure Wochen, frohe Feste,* schrieb Goethe.

Der Deutsche kann sich auf Kommando amüsieren. Wenn das Fest beginnt, ist er *wirklich* fröhlich, ohne daß seine Heiterkeit in irgendeiner Weise künstlich wäre. Für ihn ist das Fest nicht, wie bei den Romanen, das Resultat eines Zustands der Gnade, der sich gewissermaßen spontan durch eine Art geheimnisvoller Alchimie einstellt. Im Gegenteil, es kann im voraus geplant, im Kalender markiert und systematisch organisiert werden und dennoch perfekt gelungen sein. Die Freude ist zur Stelle, weil der Deutsche fähig ist, von einem Moment zum anderen seine Sorgen zu vergessen, oder vielmehr für einige Stunden in ein anderes Leben einzutauchen, so als ob er in einen Trancezustand fiele.

Irdisches, Allzuirdisches – niedere Ebene

Wenn ein Fest gefeiert wird, will man dieses so lange wie möglich auskosten! Wenn sich der Deutsche in einer angenehmen Umgebung mit Leuten, die ihm gefallen, mit einem üppigen Mahl und Getränken, die nach seinem Geschmack sind, häuslich niedergelassen hat, dann ist er nur schwer davon zu trennen. Wenn er sich irgendwo wohl fühlt, ist es ihm buchstäblich nicht möglich, nach Hause zu gehen. Seine Vernunft sagt ihm, daß es Zeit ist, schlafen zu gehen, aber sein Körper und vor allem sein Herz befehlen ihm zu bleiben. Deutsche Feste enden daher gewöhnlich sehr spät. Niemand scheut sich im übrigen, am darauffolgenden Tag gleich wieder anzufangen. Die Feste mit Wiederholungseffekt sind in der Tat eine typisch deutsche Besonderheit: Weihnachten ist nicht auf einen Tag beschränkt, da auch der 26. Dezember ein Feiertag ist; das Osterfest umfaßt nicht nur Sonntag und Montag, sondern auch noch den Karfreitag; am Tag nach einem Ball setzt man das Fest gerne im privaten Kreise fort; wenn eine Geburtstagsfeier besonders gelungen ist, nimmt man sie, was nicht selten vorkommt, am darauffolgenden Tag bei dem einen oder anderen Teilnehmer wieder auf.

Viele deutsche Feste lassen noch einen Hauch von Orgie im Sinne eines Rituals ahnen. Die Begeisterung, mit der man sich zum Beispiel in den Trubel des Rheinischen Karnevals stürzt, sowie die vorgeplanten Exzesse, denen man sich hinzugeben pflegt, entsprechen in gewisser Weise einem dionysischen Rausch. Es ist so, als wollte man, und sei es nur für einen Moment, einen Zustand erreichen, in dem die normalen Verhaltensregeln außer Kraft gesetzt sind. Goethe beschreibt dieses Phänomen in der Volksfestszene am Anfang des *Faust:* „Sie toben wie vom *bösen* Geist getrieben und nennen's Freude, nennen's Gesang." In der Szene in Auerbachs Keller schildert er eine Trinkrunde, deren Teilnehmer im Chor singen: „Uns ist ganz kannibalisch wohl als wie fünfhundert Säuen!" Mephisto gibt Faust, der sich angesichts solcher Vulgarität gern davonmachen möchte, den Rat, dies nicht zu tun: „Gib nur erst acht, die Bestialität wird sich gar herrlich offenbaren."

Die Unersättlichkeit mancher Deutscher ist erstaunlich. Wenn sie ein Fest feiern, sind sie nicht in der Lage, mit dem Essen und Trinken aufzuhören. Sie stopfen sich voll, trinken wahllos Weine, Schnäpse und Bier durcheinander, mit dem erklärten Vorsatz, sich zu betrinken. Dieselben Personen gehen am nächsten Tag in ein Konzert und lauschen begeistert einer Aufführung kirchlicher Musik oder lassen sich von der Erhabenheit eines klassischen Theaterstückes bewegen. Diese Gier hat jedoch eine tragische Seite. Denn die Maßlosigkeit vieler Deutscher ist weniger ein Zeichen des Hochmuts als vielmehr der Ausdruck einer tiefen Verzweiflung und des Bedürfnisses, die existentielle Angst zu überwinden.

Die Kinder Fausts

Wo endet nun diese lange Reise durch die Seele der Deutschen? An den Pforten des Himmels oder am Eingang der Hölle? Sind die Deutschen ein auserwähltes oder ein verdammtes Volk? Haben sie mehr Trümpfe als andere in der Hand oder sind sie im Gegenteil ungeheuer benachteiligt? Die Antwort auf diese Fragen ist am Ende der Reise kaum leichter als am Anfang, denn die Grenzen dieser Art von Untersuchung kommen spätestens dann zum Vorschein, wenn man Bilanz ziehen will. Es liegt in der Tat in der Natur der Sache, daß man ständig gezwungen ist zu verallgemeinern, daß man sagen muß „*die* Deutschen" sind so oder so, „*der* Deutsche" reagiert auf diese oder jene Weise, „*dieses* Volk" empfindet das oder jenes. Wenn man so vorgeht, individualisiert man sie mehr als nötig ist und mißt ihnen andererseits einen geringeren Wert zu als sie verdienen.

Wenn die Deutschen Arbeitstiere sind, so gibt es durchaus *gewisse* Deutsche, die stinkfaul sind. Wenn viele von ihnen zu ängstlichem Grübeln neigen, platzen andere förmlich vor Lebensfreude. Wenn die Deutschen im allgemeinen treu sind, so gibt es auch solche, die die Falschheit gepachtet haben. Kurzum, wenn man sich mit der Mentalität eines Volkes beschäftigt, neigt man unwillkürlich zu Verallgemeinerungen. Diesen Preis muß man zahlen, wenn man seine tiefsten Neigungen erklären will, diejenigen, die sein Werden determinieren und über Erfolg und Scheitern entscheiden. Das hier vorgestellte Portrait kann daher notwendigerweise nur annähernd treffend sein. Eine große Zahl von Deutschen wird sich weigern, sich in ihm wiederzuerkennen. Und dennoch scheint es dem zu entsprechen, was in einem überwiegenden Teil der Bevölkerung angelegt ist. Die psychischen Impulse, die den Angehörigen eines Volkes gemeinsam sind, sind es letztlich, die die Art und Weise, wie man es sieht und beurteilt, bedingen.

Die zweite Schwierigkeit, die bei einem derartigen Unterfangen auftaucht, besteht darin, daß man beim Versuch, mit bestimmten Klischees aufzuräumen, nahezu unausweichlich andere ins Leben ruft. Sowie man versucht, Vorurteile zu bekämpfen, neigt man dazu, das Pendel in die entgegengesetzte Richtung ausschlagen zu lassen und negative Charaktereigenschaften, die zumindest im Kern durchaus vorhanden sind, zu bagatellisieren oder gar zu leugnen. Um dieser Gefahr zu begegnen, muß man immer wieder nachdrücklich auf die Relativität der beschriebenen Merkmale hinweisen und zugleich ihren realen Hintergrund hervorheben. Aus dieser Dichotomie ergibt sich, daß alles, was man über die Mentalität eines Volkes schreiben kann, unscharf erscheint. Aber zumindest hilft es, die kraßesten Stereotypen zu vermeiden und nicht in die Karikatur zu verfallen.

Auf jeden Fall ist es schwierig, ein Volk zu begreifen, das gleichzeitig stark und beliebt, seriös und genießerisch, rein und dynamisch sein will. Der Deutsche ist unaufhörlich auf der Suche nach dem Absoluten, mit allem, was dies an Unruhe und Ängsten impliziert, und zugleich trägt er „jenen Wunsch nach Harmonie, jene Kunst, aus kleinen Begebenheiten große Augenblicke für seine Gefühlswelt zu machen“[14] in sich. Wie könnte er unter diesen Umständen den zum Glück notwendigen inneren Frieden finden? Getrieben durch das *Streben,* neigt der Deutsche zum Übermaß und ist oft nicht mehr in der Lage, sich in seinen Bedürfnissen und Begierden zu beschränken. Er wünscht sich sehnlichst, in der Normalität zu leben, aber fühlt sich immer besorgt und gequält. Ihm fehlt der Sinn für Ebenmaß und Toleranz. Sein Hang zur Übertreibung läßt ihn immer von einem Extrem ins andere fallen.

Um endlich das Wahre zu erkennen, das ihm allen Anstrengungen zum Trotz immer wieder entgleitet, ist er bereit, sich in die düstersten Abgründe zu stürzen. Sagt Büchners Woyzeck nicht: *Jeder Mensch ist ein Abgrund, es schwindelt, wenn*

[14] Brigitte Sauzay, Le vertige allemand.

man hinsieht? Der Deutsche ist ständig dabei, sich in Frage zu stellen, sich anzuklagen und sich zu verdammen. Er macht aus der Analyse seiner eigenen Person ein Mittel, sich zu kasteien und im Extremfall, sich selbst zu zerstören. Er ist sich dessen durchaus bewußt, ist aber unfähig, diesem Fluch zu entkommen. Luthers Satz: *Hier stehe ich, ich kann nicht anders!* und Schillers: *Tu, was du nicht lassen kannst!* sind dafür gute Beispiele.

Die Deutschen sind somit zur Melancholie verdammt. Sie können sich weder gehenlassen noch entspannen, weil sie in der ständigen Furcht leben, den Überblick über sich selbst zu verlieren, das heißt noch orientierungsloser zurückbleiben, als sie ohnehin schon sind. Aber daraus folgt auch, daß Ideen, Meinungen und Gefühle ständig in ihnen gären, was ihre Verdrehtheit und gleichzeitig ihre latente Genialität erklärt. Die Fähigkeit, innere Abenteuer zu durchleben, ist bei ihnen unbestreitbar größer als bei den meisten anderen Völkern. Das macht sie in besonderer Weise offen und fähig zum Engagement, sei es im Bereich der Ideen oder in dem der Aktion.

Der Deutsche hat keinen gradlinigen Charakter. Da er gleichzeitig auf drei verschiedenen Ebenen lebt, die sich an bestimmten Punkten überschneiden und an anderen kollidieren, können bei ihm völlig entgegengesetzte Eigenarten koexistieren. Er kann zugleich konservativ und fortschrittlich sein, altmodisch und avantgardistisch, unternehmungslustig und zögerlich, pflichtbewußt und betrügerisch. Er kann eine arrogante Überheblichkeit zur Schau stellen und zugleich von einem Minderwertigkeitskomplex gequält werden. Er kann einerseits hartherzig, autoritär und ungerecht sein, andererseits übertrieben sentimental und naiv. Die verschiedenartigsten und gegensätzlichsten Elemente bilden in ihm ein psychologisches Gemisch, das stets reizvoll, manchmal aber auch explosiv ist: Kühnheit, Vorsicht, Lebhaftigkeit, Zurückhaltung, Entschlossenheit, Ausdauer, Kampfgeist, Unterwürfigkeit, Sinn für die Lyrik, Materialismus, Engstirnigkeit, Großherzigkeit.

Oft ist er zunächst Sünder und wird dann zum Heiligen. Mehr noch, er bedarf der Sünde, um zur Heiligkeit zu gelangen. Der Parzival Richard Wagners zum Beispiel kann die Hindernisse, die sich ihm in den Weg stellen, nur überwinden, nachdem er der Sünde begegnet ist. Die Erlösung ist also nur um den Preis eines erbitterten Kampfes gegen sich selbst möglich. Alle Deutschen sind mehr oder weniger und in dieser oder jener Form Kinder Fausts. Sie haben sein *Streben* und seinen unstillbaren Wissensdurst geerbt, aber auch die Gabe, das Unglück auf sich und die anderen zu ziehen. Wie Faust scheinen sie der ewigen Verdammnis ausgeliefert zu sein, werden aber im letzten Augenblick errettet. Wie er sind sie zwischen Himmel und Hölle hin- und hergerissen und mißtrauen deshalb ihren guten Eigenschaften genausosehr wie ihren Fehlern. Denn wenn ihre Schwächen manchmal zu Trümpfen werden können, verwandeln sich ihre positiven Eigenschaften unter bestimmten Umständen in Makel.

Das Urbild des Deutschen existiert ebensowenig wie der ideale Franzose, Engländer oder Italiener. Auf der Suche nach demjenigen, der die deutsche Mentalität in ihrer charakteristischsten Form repräsentiert, denkt man an eine ganze Reihe von Namen, von Goethe bis Wagner über Dürer, Kant, Hegel. Vielleicht wäre an erster Stelle Martin Luther zu setzen, den Heine „den größten und den deutschesten Mann unserer Geschichte" genannt hat. Seine unglaubliche Vitalität verband sich mit einer außergewöhnlichen Spiritualität. Seine diskursive Intelligenz ging mit einer leidenschaftlichen Liebe zum Leben einher. Sein erstaunlicher Scharfsinn fand in festen moralischen Grundsätzen eine hervorragende Ergänzung. Sein ernstes Wesen schloß eine ausgeprägte Gutmütigkeit nicht aus. Ihn zeichnete eine große Fröhlichkeit und zugleich eine tiefgreifende Leidensfähigkeit aus. Seine Zuneigung war ebenso intensiv, wie sein Jähzorn heftig war. Aber ständig fühlte er sich von Zweifeln gequält und seine Weltoffenheit, sein Frohsinn und seine Sinnenlust konnten nichts ausrichten gegen die Melancholie, die auf seiner Seele lastete.

Erstaunlich sind auch die Widersprüche in der Natur Johann Sebastian Bachs, den vielleicht rätselhaftesten unter den deutschen Genies. Er war ein einfacher Mann, nicht besonders intelligent und im übrigen ziemlich unbedeutend, ein Familientyrann, jähzornig, habgierig und unterwürfig gegenüber einflußreichen Persönlichkeiten, dem es jedoch gelungen ist, dank seiner Musik das Tor zur Transzendenz so weit wie kein anderer vor ihm zu öffnen. Wenn Vollkommenheit in dieser Welt möglich ist, dann liegt sie in der Musik von Bach. Alles, was der Mensch an Schönem, Edlem und Gutem in sich trägt, alles, was er mit den besten Seiten seines Wesens erstrebt, findet sich in Bachs Musik wieder. Und dennoch, sie ist auch eine der ergreifendsten Leidensbeschreibungen, eine der verzweifeltsten Darstellungen der Conditio Humana. Mit einer Musik voller Harmonie, in der jedoch manchmal eine ungebändigte Wildheit anklingt, zeigt Bach alles, was an Unreinem und Düsterem im Menschen steckt. Der Mystizismus und die metaphysische Spekulation, die sein Werk kennzeichnen, lassen die Trauer darüber erahnen, daß er über die Vollendung und die Todessehnsucht nicht hinausgehen kann.

In der Moderne ist es vor allem Hermann Hesse, der die typisch deutsche Dualität, jene schreckliche Zerrissenheit zwischen der Suche nach einem reinen und heiteren Humanismus und dem Grauen eines beklemmenden Pessimismus, intensiv durchlebt hat. Harry Haller, die Hauptfigur im *Steppenwolf,* vereinigt in sich, wie Fritz Martini hervorhebt, alle Widersprüche, die im Menschen angelegt sind – von der Bestialität bis zur Heiligkeit. Immer auf der Suche nach seiner Identität gelingt es ihm nicht, sich wirklich der Fesseln, die er sich selbst auferlegt hat, zu entledigen. Sein Schicksal ist, unbefriedigt zu sein und niemals zur Ruhe zu kommen. Mehr noch als Hesse repräsentiert Thomas Mann jene Deutschen, die stark, redlich und ohne Tadel scheinen, die sich jedoch im Innersten als zerbrechlich und zweideutig erweisen und mit versteckten Wunden übersät sind. Dem Schriftsteller ist es gelungen, die dunklen Seiten seines Wesens zu sublimieren und seine Neigungen zu beherrschen, indem er sie für sein Werk nutzbar gemacht hat. Aber die bedeutende Rolle, die Krankheiten darin spielen, zeigt, wie weit seine Figuren von der Normalität entfernt und wie nahe manche sogar dem Wahnsinn sind.

Die Deutschen hören nie auf, andere in Erstaunen zu versetzen oder zu verwirren. Im Kontakt mit ihnen kristallisieren sich Vorzüge und Mängel anderer Völker besser heraus. Wie in einem Spiegel, der demjenigen, der sich in ihm betrachtet, ein freundliches oder verdrießliches Bild vor Augen führt, bringen sie den anderen ihre positiven oder negativen Eigenschaften zum Bewußtsein. Wenn man sich an ihrer Elle mißt, ist man zufrieden oder unzufrieden mit sich selbst und manchmal beides zugleich. Sie zwingen die anderen, Stellung zu nehmen, das heißt, sich für etwas einzusetzen und ungeahnte Energien zu mobilisieren oder, ganz im Gegenteil, völlig demoralisiert die Schultern hängen zu lassen. In letzter Konsequenz entdeckt man sich selbst, wenn man sie zu begreifen versucht.

Die Deutschen lassen niemanden gleichgültig. Man kann sie als Individuen sympathisch und als Gruppe unerträglich finden und umgekehrt. Sie können einen ärgern, aufregen, sie können Abscheu und Haß auslösen, aber sie können auch grenzenlose Bewunderung, anhaltende Faszination und bedingungslose Zustimmung hervorrufen. Es hängt im Grunde von uns selbst ab, von unseren inneren Neigungen, von unseren Fähigkeiten und unseren Fehlern, unseren Stärken und Schwächen, von unserer Lebenseinstellung, ob wir sie liebenswürdig oder verabscheuungswürdig finden. Je nachdem, was man selbst ist, kann man viel oder wenig bei den Deutschen finden.

Aber man darf ihnen gegenüber niemals ein Gefühl der Überheblichkeit oder einen Minderwertigkeitskomplex haben. Im ersten Fall würde man nur bewirken, daß sie sich noch stärker in ihr Schneckenhaus zurückziehen, im zweiten, daß sie sich noch weiter von den anderen entfernen. Das Beste ist, ganz natürlich mit ihnen umzugehen und sie zu akzeptieren, wie sie sind. Das ist der einzige Weg, um sie wirklich kennenzulernen, zu verstehen und, warum nicht, zu lieben.

Ein Wesen – oder ein Volk – unter dem Vorwand zu verachten, es sei „anders", ist ein dümmliches Verhalten. Ihm darüber hinaus aufgrund dieser „Andersartigkeit" ein schlechtes Gewissen einzujagen, ist ein Akt der Böswilligkeit. Wenn die Deutschen auch häufig angegriffen und verschmäht werden, manchmal zu Recht, häufig zu Unrecht, so ist doch kein Richter so streng mit ihnen verfahren wie sie selbst. Sie haben folglich, wie jedes andere Volk, ein Recht auf ihre Identität. Ein Deutscher zu sein, ist nicht leicht. Es sollte kein Grund zum Hochmut sein, aber auch kein Anlaß, sich zu schämen.

Literatur

Arnold, Heinz Ludwig (Hrsg.): Deutsche über die Deutschen. Auch ein deutsches Lesebuch. 1975.

Breitenstein, Rolf: Der häßliche Deutsche. 1968.

Commer, Heinz: Die Unersetzlichen. 1972.

Glaser, Hermann (Hrsg.): Haltungen und Fehlhaltungen in Deutschland. Das Nürnberger Gespräch 1965 – Ein Tagungsbericht. 1966.

Gross, Johannes: Die Deutschen. 1967.

Hall, Edward T. und Mildred Reed Hall: Les différences cachées – Comment communiquer avec les Allemands. Stern 1984.

Hall, Edward T. und Mildred Reed Hall: Verborgene Signale – Über den Umgang mit Franzosen. Stern 1984.

Malblanc, Alfred: Stylistique comparée du Français et de l'Allemand. 1966.

Marcuse, Ludwig (Hrsg.): Ein Panorama europäischen Geistes. Texte aus drei Jahrtausenden ausgewählt von Ludwig Marcuse. 1977.

Martini, Fritz: Deutsche Literaturgeschichte. 1952.

Münch, Paul: Ordnung, Fleiß und Sparsamkeit. Texte und Dokumente zur Entstehung der „bürgerlichen Tugenden". 1984.

Piper, Klaus (Hrsg.): Lust am Denken. 1981.

Schmidtchen, Gerhard: Was den Deutschen heilig ist. 1979.

Vermeil, Edmond: L'Allemagne. 1945.